위혜정

- 16년차 고등학교 영어교사, 브런치 작가
- 서울대학교 석사과정(외국어교육과 영어 전공) 파견/졸업
- 저서 : 《아침 10분 영어 필사의 힘》, 《하루 10분 100일의 영어 필사》, 《초등생의 영어 학부모의 계획》, 《괜찮아, 바로 지금이 나야》(공저), 《필사하면 보이는 것들》(공저), 《책속 한 줄의 힘》(공저)
- 편역 : 《어린왕자: 하루 10분 100일의 영어 필사》, 《빨간 머리 앤: 하루 10분 100일의 영어 필사》, 《하루 10분 영어 그림책 100일 필사》

2008년 인문계 고등학교에 발령받은 후 영어 수업에 대한 고민과 연구가 시작되었다. 경기도 교육청 '창의인성수업디자인 연구회' 창립 멤버로 학생 활동, 표현 중심 수업을 구현하기 위해 끊임없이 연구하며 현재 연구위원으로 교사 대상 강의를 하고 있다.

영어 필사를 경험한 후, 문제 유형을 분석하며 정답을 찾기 위해 끊임없이 훈련하는 시험이 아닌, 그저 '영어'를 수단으로 삶을 이야기하고 싶어 학생, 교사들과 영어 텍스트를 함께 필사하고 있다.

어린왕자
하루 10분 100일의 영어 필사

생떽쥐페리 (Antoine Marie Roger De Saint Exupery, 1900~1944)

1900년 프랑스 리옹에서 태어났다. 10대 후반에 해군사관학교 입학에 실패하고 파리 미술학교에서 건축을 공부했다. 그가 후에 《어린왕자》에 손수 삽화를 그릴 수 있었던 것은 이때 미술을 공부했기 때문이라고 한다.
21세에 군에 들어가 조종사 면허를 취득했지만 사고로 제대하고 회사원이 되었다. 비행사의 꿈을 버리지 못한 그는 26세에 민간 항공사에 입사하여 카사블랑카와 툴루즈, 다카르 등을 잇는 우편비행기의 조종사가 되었다. 그해 첫 소설 《비행사》를 발표하며 작가의 꿈도 이루었다. 1935년 파리 - 사이공 비행 중 이집트의 사막에 추락하여 닷새를 헤매게 되는데, 이때의 체험을 변형하여 《어린왕자》를 집필했다.
1939년에 제2차 세계대전이 발발하자 대위로 입대하였고, 1943년에 연합군 정찰비행단에 들어갔다. 비행사 연령 상한선에 이르러 경고를 받았음에도 끈질기게 설득하여 1944년에 복귀, 약속보다 많은 정찰비행을 했으며 계속 출격을 고집했다. 생떽쥐페리는 마지막 출격이라는 조건으로 정찰기를 몰고 나간 뒤 돌아오지 않았다.

어린왕자
하루 10분 100일의 영어 필사

초판 1쇄 발행 2023년 10월 31일
초판 2쇄 발행 2024년 5월 15일

엮은이 위혜정
편집인 옥기종
발행인 송현옥
디자인 디자인빛깔
펴낸곳 도서출판 더블:엔
출판등록 2011년 3월 16일 제2011-000014호

주소 서울시 강서구 마곡서1로 132, 301-901
전화 070_4306_9802
팩스 0505_137_7474
이메일 double_en@naver.com

ISBN 979-11-91382-27-3 (13740)

※ 이 책은 저작권법에 따라 보호받는 저작물이므로 무단전재와 무단복제를 금지합니다.
※ 잘못된 책은 바꾸어 드립니다.   ※ 책값은 뒤표지에 있습니다.

하루 10분 100일의 영어 필사

생떽쥐페리 | 위혜정 엮음

마음 한켠에
어린왕자를 간직하고 있는
모든 분들에게

더블:엔

프롤로그

헬로우, 하루 10분!

⋮

불을 환하게 밝힌 급행열차에 수많은 사람들이 몸을 싣는다. 요란한 소리와 쾌속 질주가 관제실을 뒤흔든다. 잠시 후, 반대 방향에서 두 번째 급행열차가 들어온다. 방향을 바꾼 열차에는 서로 자리를 바꾼 사람들로 다시 가득 찼다. 곧이어 불을 환히 밝힌 세 번째 열차가 천둥소리를 내며 달려온다.

"저 사람들은 아주 바쁜가 봐요. 뭘 찾고 있는 걸까요?"
"기관사도 모를걸."
"사람들은 왜 서로 자리를 바꾸는 거죠?"
"자기가 있는 곳에 만족하는 사람들은 없거든."
"이 열차는 먼젓번 승객들을 쫓아가는 걸까요?"
"사람들은 아무것도 쫓지 않아. 열차 안은 그저 잠들어 있거나 하품하는 사람밖에 없거든. 유리창에 코를 바짝 대고 있는 어린아이들만 빼고 말이야."
"어린아이들만 자기가 무얼 찾는지 알기 때문이에요."

― 《어린왕자》, 생떽쥐페리

어디로 가는지도 모른 채, 급행열차에 몸을 싣고 달리는 어른들. 멈추려니 그조차 힘들다. 속도에 몸을 내맡긴 채, 그저 달린다. 우리의 삶은 부지불식간에 흘러들어오는 유입물로 부풀고 있다. 살짝 멈춰 서서 끝없이 상향으로 치솟는 삶의 압력을 빼내지 않으면 언제 터져버릴지 모른다. 이제, 생의 압을 낮추기 위해 숨 쉴 구멍 하나쯤 뚫어주는 건 어떨까.

"멈추면 비로소 보인다. 환히 들여다볼 수 있다.
필사는 '멈춤'을 두른 '머무름'이다.
분주한 마음을 내려놓고 한 글자 두 글자 옮겨 적다 보면 후루룩 읽고 넘기던 텍스트가 손끝을 타고 머리와 가슴에 오래 머문다.
활자로 찍혀 있던 종이 속 언어들이 마음 판에 깊이 찍힌다.
필사는 다채로운 인생 향연으로 이끄는 초대장이자 사유의 마중물이다."

- 《하루 10분 100일의 영어 필사》, 위혜정

마음 한켠에 어린왕자를 간직하고 있는 어른들에게 멈춰야 보일 수 있는 선물을 선사하고 싶다. '어린' 아이답게 어린왕자의 여행은 장미꽃에게 토라진 마음에서 비롯되었다. 하지만 결국, 1년이 넘는 여정 끝에 꽃을 향한 진심을 깨닫고 자신의 별로 돌아간다. 다시, 원점으로. 원래의 자리로 돌아가는 회귀 여정, Square One.

《하루 10분 100일의 영어 필사》에 담았던 첫 번째 소설, 《어린 왕자》에서부터 다시 시작해볼까 한다. 100일이라는 시간 안에 소설 한 권을 고스란히 마음에 담을 수 있도록 원문을 발췌했다. '텍스트의 분량'과 '100일'이라는 조건으로 필터링하되, 《어린왕자》의 원문을 그대로 살리면서 흐름이 끊기지 않도록 양을 덜어냈다. 텍스트 이해의 깊이를 더해볼 요량으로 작품과 관련된 주변 이야기, 문화적 코드, 관련 음악과 영시, 명언, 언어의 확장, 성찰 질문 등 샛길 자료를 추가했다. 천천히 텍스트와 만나는 농밀한 시간이 모여 내면의 땅을 내 것으로 복구해 가는 과정이 되길 바라는 마음이다. 어린왕자가 지구별에 고스란히 남겨놓은 사유의 씨앗들을 하나씩 발견하는 여정이 기대된다.

작품을 크게 세 파트로 나누었다. 사막에서 만난 어린왕자, 지구 도착 전 여행 이야기, 지구에서의 마지막 시간. 접속 - 통찰 - 비밀이라는 타이틀을 붙였다. 텅 비어 있던 첫 만남(접속)에서부터 통통하게 살쪄가는 마음(통찰)이 은은한 메시지(비밀)로 이어진다. 같은 지점에 있더라도 떠날 때와 돌아올 때는 다르다. 어린왕자가 자신의 별을 떠나올 때와 다시 돌아갈 때가 다르듯이. 나만의 보폭에 따른 하루 10분 필사를 거쳐 100일이 지난 즈음, 어린왕자와 함께 마음의 알맹이들이 단단하게 가득 채워지면 좋겠다. 그 길 끝에서, 장미꽃에게 돌아간 어린왕자처럼 한 뼘 달라진 모습을 마주하길 바란다.

CONTENTS

프롤로그 : 헬로우, 하루 10분! ◆ 5
필사, 이렇게 하세요 ◆ 13

PART 001
접속 : 어른들도 모두 한 번은 어린이였다

Day 1. 나의 그림 1호, 코끼리를 통째로 삼킨 보아뱀 ◆ 18
Day 2. 나의 그림 2호, 언제나 설명이 필요한 어른들 ◆ 20
Day 3. 화가라는 멋있는 직업을 포기했다 ◆ 22
Day 4. 선택한 직업은 비행기 조종사 ◆ 24
Day 5. 어른들에게 언제나 듣는 말, "그건 모자잖아." ◆ 26
Day 6. 외로운 삶: 어른의 수준에 나를 맞추다 ◆ 28
Day 7. 사막 한가운데서 들린 목소리 ◆ 30
Day 8. 신기한 꼬마 ◆ 32
Day 9. 양 한 마리만 그려줘 ◆ 34
Day 10. 다른 양으로 그려줘 ◆ 36
Day 11. 인내심에 한계가 왔다 ◆ 38
Day 12. 나는 이렇게 해서 어린왕자를 알게 되었다 ◆ 40
Day 13. 내가 날 수 있다는 걸 그가 알게 되어 뿌듯했다 ◆ 42

Day 14. 그의 신비한 존재를 이해할 수 있는 실마리 ◆ 44
Day 15. 어린왕자의 별에 대한 궁금증 ◆ 46
Day 16. 내가 사는 곳은 모든 것이 아주 작아 ◆ 48
Day 17. 중요한 두 번째 사실: 어린왕자의 별은 집 한 채 정도다! ◆ 50
Day 18. 어른들은 숫자를 좋아한다 ◆ 52
Day 19. 인생을 이해하는 우리에게 숫자는 중요하지 않다 ◆ 54
Day 20. 친구를 잊는다는 건 슬픈 일이다 ◆ 56
Day 21. 아마도 내가 자기와 같다고 생각했나 보다 ◆ 58
Day 22. 바오밥 나무의 비극 ◆ 60
Day 23. 포개 놓은 코끼리들 ◆ 62
Day 24. 좋은 식물에는 좋은 씨앗이, 나쁜 식물에는 나쁜 씨앗이 ◆ 64
Day 25. 규칙적인 수고, 귀찮지만 굉장히 쉬운 일 ◆ 66
Day 26. 때론 할 일을 미루었다가 큰 낭패를 본다 ◆ 68
Day 27. 바오밥 나무를 조심해! ◆ 70
Day 28. 해질녘을 조용히 바라보는 기쁨 ◆ 72
Day 29. 해질녘을 좋아하는 건 너무 슬퍼서 그런 거야 ◆ 74
Day 30. 또 다른 비밀이 드러나다 ◆ 76
Day 31. 꽃들은 가시를 가지고 공연히 심술을 부릴 뿐이지! ◆ 78
Day 32. 아저씨, 지금 어른들처럼 말하고 있잖아! ◆ 80
Day 33. 꽃이 가시를 만들려고 애쓰는 걸 이해하려는 게 중요하지 않다고? ◆ 82
Day 34. 별을 바라보는 것만으로도 행복해져 ◆ 84
Day 35. 눈물의 나라는 그렇게 신비한 곳이다 ◆ 86
Day 36. 신비로운 것이 꼭 나타날 것을 예감했다 ◆ 88
Day 37. 아주 요염한 꽃이었다! ◆ 90
Day 38. 어린왕자는 감탄을 금치 못했다 ◆ 92
Day 39. 꽃은 허영심으로 어린왕자를 괴롭히기 시작했다 ◆ 94

Day 40. 이 꽃은 정말 까다롭군 ◆ 96
Day 41. 그녀는 뻔한 거짓말을 하다 들켰다 ◆ 98
Day 42. 어린왕자는 곧 꽃을 의심하기 시작했다 ◆ 100
Day 43. 말이 아닌 행동을 보고 판단했어야 해 ◆ 102
Day 44. 철새들의 도움으로, 여행 시작! ◆ 104
Day 45. 마지막이어서 유난히 소중한 일상 ◆ 106
Day 46. 내가 널 좋아하는 걸 몰랐다면 그건 내 잘못이야 ◆ 108
Day 47. 자존심 강한 꽃의 마지막 인사 ◆ 110

Part 002

통찰 : 인생의 비극은 쓸데없는 일에 삶을 허비하는 것이다

Day 48. 첫 번째 별, 모두를 신하로 보는 왕 ◆ 114
Day 49. 자신의 절대 권위를 존중받고 싶어 하다 ◆ 116
Day 50. 짐은 불복종을 허락하지 아니하느니라 ◆ 118
Day 51. 명령이 이치에 맞아야 복종을 요구할 수 있느니라 ◆ 120
Day 52. 작은 별의 사법 대신으로 임명하다 ◆ 122
Day 53. 자신을 올바로 판단하는 것이 진정한 지혜이다 ◆ 124
Day 54. 두 번째 별, 허영심 많은 사람 ◆ 126
Day 55. 잘난 체하는 사람에게는 칭찬하는 말만 들리는 법이다 ◆ 128
Day 56. 세 번째 별, 술 마시는 게 부끄러워 또 술을 마시는 술꾼 ◆ 130
Day 57. 네 번째 별, 하루 종일 별을 세는 바쁜 사업가 ◆ 132
Day 58. 별을 보며 공상하는 것보다 별의 개수를 세는 것이 더 중요하지 ◆ 134
Day 59. 많은 별에 대한 소유권만 가지면 돼 ◆ 136
Day 60. 소유의 진정한 의미: 서로에게 유익한 것 ◆ 138
Day 61. 다섯 번째 별, 가로등 켜는 사람 ◆ 140

Day 62. 명령에 충실하다 보니 쉴 시간이 없어 ◆ 142
Day 63. 쉬고 싶을 때면 걸어가면 돼 ◆ 144
Day 64. 여섯 번째 별, 서재에 짱박혀 있는 지리학자 ◆ 146
Day 65. 탐험가의 말에만 의존해서 책을 쓰는 지리학자 ◆ 148
Day 66. 안전지대를 넘어선 탐험가, 어린왕자 ◆ 150
Day 67. 일시적인 존재인 장미를 떠나서 후회하다 ◆ 152

Part 003

비밀 : 가장 중요한 것은 마음으로만 볼 수 있다

Day 68. 일곱 번째 별, 특별한 지구 ◆ 156
Day 69. 바오밥 나무처럼 자신이 중요하다고 생각하는 어른들 ◆ 158
Day 70. 사람들 속에서도 외롭긴 마찬가지야 ◆ 160
Day 71. 난 왕의 손가락보다 더 힘이 세지 ◆ 162
Day 72. 사람들은 뿌리가 없어 힘든 삶을 살아가 ◆ 164
Day 73. 높은 산에서 보면 사람들을 볼 수 있을 거야 ◆ 166
Day 74. 어린왕자의 말을 따라하는 메아리 ◆ 168
Day 75. 수많은 장미꽃의 존재에 슬픔을 느끼다 ◆ 170
Day 76. 평범한 왕자가 된 슬픔 ◆ 172
Day 77. 여우와의 만남 ◆ 174
Day 78. 길들임은 서로에게 오직 하나밖에 없는 존재가 되는 것 ◆ 176
Day 79. 길들임은 삶을 환하게 해준다 ◆ 178
Day 80. 사람들이 친구가 없는 이유: 우정은 살 수 없기 때문 ◆ 180
Day 81. 너를 만나는 시간이 4시라면 난 3시부터 행복할 거야 ◆ 182
Day 82. 서로의 의미: 슬퍼도 감수할 수 있는 이유 ◆ 184
Day 83. 길들이면 특별한 존재가 돼 ◆ 186
Day 84. 가장 중요한 것은 눈에 보이지 않아 ◆ 188

Day 85. 사람들은 무엇을 찾는지도 모른 채 분주할 뿐이야 ◆ 190
Day 86. 잠들거나 조는 어른과 달리 아이들만이 자신이 무엇을
찾는지 안다 ◆ 192
Day 87. 갈증을 없애는 약 대신 물 마시러 샘으로 걸어갈 거야 ◆ 194
Day 88. 비행기 고장 8일 째, 사막에서 물을 찾으러 떠나다 ◆ 196
Day 89. 사막이 아름다운 것은 어딘가에 우물이 숨겨져 있기 때문이야 ◆ 198
Day 90. 잠에서 깨어나 노래하는 우물 ◆ 200
Day 91. 수고로 길어진 이 물을 마시고 싶어 ◆ 202
Day 92. 내일이면 지구에 온 지 1년 째 되는 날이야 ◆ 204
Day 93. 누군가에게 길들여지면 울게 될 위험이 있다! ◆ 206
Day 94. 스스로 노란 뱀에게 물린 왕자 ◆ 208
Day 95. 모두 집으로 돌아가는 날 ◆ 210
Day 96. 밤하늘의 별이 모두 친구가 된다 ◆ 212
Day 97. 모든 사람에게는 그들만의 별이 있어 ◆ 214
Day 98. 5억 개의 작은 방울과 5억 개의 샘물 ◆ 216
Day 99. 예, 아니오에 따라 모든 것이 달라질 수 있다 ◆ 218
Day 100. 세상에서 가장 사랑스럽고 슬픈 풍경 ◆ 220

에필로그 ◆ 222

부록
1. 알아두면 유익한 《어린왕자》 책 속 상식 ◆ 224
2. 매일 한 문장씩 《어린왕자》 책 속 한 줄 필사 ◆ 238
3. 문장부호, 이렇게 이해하세요 ◆ 250

필사, 이렇게 하세요

요즘 영어뿐만 아니라 모국어 필사의 인기도 높습니다. 그 효용성 때문이지요. 《단단한 영어 공부》에서 영어 필사는 문장부호, 단어, 문법 세 가지 영역의 집중 인지를 돕는다고 합니다. 옮겨 적지 않았으면 무심코 지나쳐버릴 수 있는 문장부호의 쓰임을 익힐 수 있고, 읽기만 했을 때 지나쳐버릴 개별 단어에 주목하며 연어(collocation) 및 구동사를 기억할 수 있습니다. 또한 정확히 베껴 쓰다 보면 평소에는 눈에 띄지 않던 관사, 수일치, 분사 등의 문법 요소와 다양한 문장 구조에 노출됩니다. 필사는 문장부호, 단어, 문법을 새어나가지 않게 꼼꼼하게 걸러주는 그물망이 됩니다.

여기서 중요한 것은 형식적인 날림 쓰기가 아니라 또박또박, 꾹꾹 눌러쓰는 정성입니다. '눈으로 읽기→ 문장 쓰기→ 소리 내어 읽기'라는 3단계 과정을 거쳐 생각의 흔적까지 남긴다면 곱씹음과 사유까지 챙겨갈 수 있습니다. 필사를 다음과 같이 차근차근 단계적으로 밟아가 보세요. 세 번째 항목을 중심으로 앞뒤

단계를 융통성 있게 선택하시면 됩니다. 전 단계를 온전히 통과하게 되면 텍스트의 깊은 진액을 맛볼 수 있습니다.

1. 텍스트를 눈으로 읽으며 생소한 어휘, 어려운 문장 구조, 여운이 남는 구절 등에 밑줄을 긋는다.
2. 검색과 탐색의 시간을 투입한다.
3. 맴도는 여운에 잠겨 묵독한 텍스트를 또박또박 종이에 옮겨 쓰는 아날로그적 과정을 거친다.
4. 소리 내어 한 글자 한 글자 또박또박 끊어 읽는 성독(聲讀)을 한다. 행간의 숨은 뜻까지 읽어내려는 정성이다.
5. 새롭게 획득한 삶의 지혜, 마음에 떠오르는 질문과 생각을 그냥 지나치지 않고 자유롭게 사유의 샛길로 빠진다. 생각의 흔적을 글로 남기면 내 삶의 기록이 된다.
6. 한글 번역을 영어로 옮겨보며 영작 연습을 한다. 영어 실력은 덤이다. 피카소는 "훌륭한 예술가는 모방을 하고 위대한 예술가는 훔친다"고 말했다. 좋은 영어 문장들을 훔쳐내어 반복 연습하면 영어 실력은 당연히 향상된다.

"You know what's weird?
Day by day. Nothing seems to change.
But pretty soon… everything's different."
"이상한 게 있는데 뭔 줄 알아?
매일 매일 아무것도 바뀌지 않는 것 같은데
곧 모든 것이 바뀌더라고."
―〈A Calvin and Hobbes Collection〉, Bill Watterson

필사도 근육입니다. 단련이 필요하죠. 축적된 시간의 힘은 바로 '매일'에서 나옵니다. 너무 쉬운 말처럼 들리시나요? 맞습니다. 어떤 일을 '매일' 하는 것은 모두가 할 수 있지만 아무나 할 수 없으니까요. 매일 하루 10분 필사를 통해 100일 후, 종이의 여백이 꽉 채워지듯 나의 생각과 영어 실력이 채워지는 모습을 그려보세요.

행복한 상상과 함께 영어 필사의 여정, 이제 출발해 볼까요?

어른이 되면 '인생 초짜'라는 껍질을 벗는다.
삶의 초보였던 아이의 시절과 작별이다.
세상의 잣대에 맞춰 옷을 입는 과정은
탈의와 환복, 곧 헤어짐이다.

마음의 방에 반짝이던 불빛이
하나씩 둘씩 꺼지면서 삶의 온도가 내려간다.
아주 조금씩이라 그 변화가 체감되지 않을 뿐,
어느덧 뚝 떨어져버린 찬 기운에 익숙해져 간다.

성장의 뒷길에 무언가 아스라이 떨어져 있다.
천연의 빛깔을 발하는 그것은
매 순간을 새것으로 느끼는 감성, 바로 '동심'이며
세상에 색깔과 무늬를 입혀주는 삶의 온도다.
온기가 점점 차오르며
맑았던 옛 시절로 다시 접속된다.

모자의 실루엣 사이로 코끼리를 삼킨 보아뱀이 보인다.
앞뒤가 막힌 상자 그림에서 잠든 양의 숨결을 느낀다.
질문에 답하지 않은 채 나의 생각에 골똘히 잠긴다.
감정 만땅의 웃음이 까르르하고 터진다.
숫자라는 틀을 구겨 넣고 여기저기 흩어진 의미들을 채집한다.
나의 작은 별을 바오밥 나무에 내어주지 않기 위해
해로운 씨앗들도 뽑아낸다.
잠잠이 지는 해를 바라보기 위해 해질녘을 사수한다.
꽃을 향한 어린왕자의 사랑앓이에
아련한 나의 추억을 끄집어내 보드랍게 덮어준다.

접속하면 되살아난다.
어른들도 모두 한 번은 어린아이였기에.
깨어나는 감성 자체만으로도
늦지 않고 시인으로 남을 수 있다고 했던가.
인생길의 종점이 아닌 출발점으로 되돌아가는 설레임,
어린왕자가 주는 선물이다.

PART 001
접속

어른들도
모두 한 번은
어린이였다

하루 10분 100일의 영어 필사

Day 1

나의 그림 1호, 코끼리를 통째로 삼킨 보아뱀

Once when I was six years old I saw a magnificent picture in a book, called 《True Stories from Nature》, about the primeval forest. It was a picture of a boa constrictor in the act of swallowing an animal. Here is a copy of the drawing.

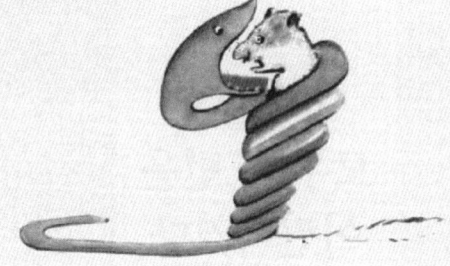

In the book it said: "Boa constrictors swallow their prey whole, without chewing it. After that they are not able to move, and they sleep through the six months that they need for digestion."

I pondered deeply, then, over the adventures of the jungle. And after some work with a colored pencil I succeeded in making my first drawing. My Drawing Number One. It looked like this:

내가 여섯 살 때 《자연의 실화》라는 책에서 원시림에 관한 멋진 그림을 본 적이 있다. 그것은 보아뱀 한 마리가 맹수를 삼키고 있는 그림이었다. 여기 이 그림이다.
그 책에 이런 말이 있었다. "보아뱀은 먹이를 씹지 않고 통째로 삼킨다. 그 후에는 움직일 수 없게 되어서 소화될 때까지 여섯 달 동안 잠을 잔다." 그때 나는 정글의 모험에 대해 곰곰이 생각해보았다. 그리고 색연필로 약간의 작업을 거쳐 용케 나의 첫 그림을 그려냈다. 내 그림 1호. 그것은 다음과 같았다.

magnificent 멋진   primeval forest 원시림   boa constrictor 보아뱀
swallow 삼키다   digestion 소화   ponder 곰곰이 생각하다

나의 그림 2호, 언제나 설명이 필요한 어른들

I showed my masterpiece to the grown-ups, and asked them whether the drawing frightened them. But they answered: "Frighten? Why should any one be frightened by a hat?"

My drawing was not a picture of a hat. It was a picture of a boa constrictor digesting an elephant. But since the grown-ups were not able to understand it, I made another drawing: I drew the inside of the boa constrictor, so that the grown-ups could see it clearly. They always need to have things explained. My Drawing Number Two looked like this:

나는 내 걸작을 어른들에게 보여주고 그 그림이 무섭지 않느냐고 물었다. 어른들은 대답했다. "무섭다고? 아니, 왜 모자가 무서워야 하지?"
내 그림은 모자 그림이 아니었다. 코끼리를 소화하고 있는 보아뱀을 그린 것이었다. 어른들이 이해하지 못하길래 그림을 하나 더 그렸다. 어른들이 잘 알아볼 수 있도록 보아뱀의 내부를 그렸다. 어른들에게는 항상 설명을 해주어야 한다. 나의 그림 2호는 다음과 같았다.

masterpiece 걸작   frightened 무서운

Q. 보아뱀 속의 코끼리는 어떤 느낌이었을까요? 나는 어떤 어른인가요?

보아뱀 크고 육중한 몸을 가진 뱀으로 북아메리카, 중앙아메리카, 남아메리카, 카리브해 등지에서 발견된다. 어린왕자 때문에 코끼리도 먹을 수 있다는 인식이 많지만 사실, 코끼리는커녕 성인도 못 삼킨다. 보아뱀이 삼킨 코끼리는 제2차 세계대전을 일으킨 독일 나치를 상징한다. 기독교 가치관에서 인간을 타락시킨 악의 화신인 뱀을 작가는 거대한 폭력을 통째로 삼켜주는 자비의 동물로 그리고 있다.

화가라는 멋있는 직업을 포기했다

The grown-ups' response, this time, was to advise me to lay aside my drawings of boa constrictors, whether from the inside or the outside, and devote myself instead to geography, history, arithmetic and grammar. That is why, at the age six, I gave up what might have been a magnificent career as a painter. I had been disheartened by the failure of my Drawing Number One and my Drawing Number Two. Grown-ups never understand anything by themselves, and it is tiresome for children to be always and forever explaining things to them.

이번에 어른들의 반응은 안에서든 밖에서든 보아뱀 따위의 그림은 치우고 차라리 지리, 역사, 산수, 문법에 전념하라고 충고하는 것이었다. 나는 이렇게 여섯 살에, 화가라는 멋있는 직업을 포기했다. 나의 그림 1호, 그림 2호가 실패했다는 생각에 나는 그만 기가 죽었다. 어른들은 스스로는 아무것도 이해하지 못하는데, 그렇다고 그때마다 어린아이들이 일일이 설명하는 것도 힘겨운 일이다.

lay aside ~을 제쳐두다   devote oneself to ~에 전념하다
geography 지리   arithmetic 산수   disheartened 낙담한   tiresome 피곤한

Q. 어른들의 반응, 혹은 외부의 반응으로 포기했던 일이 있나요?

Day 4
선택한 직업은 비행기 조종사

So then I chose another profession, and learned to pilot airplanes. I have flown a little over all parts of the world; and it is true that geography has been very useful to me. At a glance I can distinguish China from Arizona. If one gets lost in the night, such knowledge is valuable.

그래서 나는 다른 직업을 골라야 했고 비행기 조종을 배웠다. 나는 세계 여기저기를 제법 비행했다. 지리가 나에게 매우 유용한 지식이었던 것은 사실이다. 덕분에 한 번 쓱 봐도 중국과 애리조나를 구별할 수 있으니까. 밤에 길을 잃은 사람에게 지리와 같은 지식은 꽤나 소중하다.

profession 직업   pilot 비행기를 조종하다
at a glance 한눈에   distinguish A from B A를 B와 구별하다

Q. 불필요하다고 생각했던 것이 도움이 되었던 경험이 있나요?

○ 열 살 때 비행기를 처음 타본 생텍쥐페리는 운명처럼 우편 비행기 조종사, 공군 비행사로 일하며 사막에 불시착하는 경험을 한다. 제2차 세계대전 시 정찰 비행을 하러 떠났다가 44세의 나이에 영영 다시 돌아오지 못했지만 비행기 조종사의 경험이 《어린왕자》에 고스란히 녹아들어 있다.

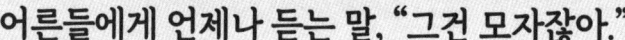

어른들에게 언제나 듣는 말, "그건 모자잖아."

In the course of this life I have had a great many encounters with a great many people who have been concerned with matters of consequence. I have lived a great deal among grown-ups. I have seen them intimately, close at hand. And that hasn't much improved my opinion of them.

Whenever I met one of them who seemed to me at all clear-sighted, I tried the experiment of showing him my Drawing Number One, which I have always kept. I would try to find out, so, if this was a person of true understanding. But, whoever it was, he, or she, would always say: "That is a hat."

이렇게 살아가는 동안 나는 중요한 문제에 관심을 가지는 사람들을 꽤나 많이 만났다. 오랫동안 어른들 사이에서 살아오며 가까이에서 밀접하게 그들을 보았다. 그렇다고 어른들에 대한 나의 의견이 크게 달라지지는 않았다.
좀 똑똑해 보이는 사람을 만날 때마다 나는 늘 간직해왔던 나의 그림 1호를 보여주고 시험해보곤 했다. 이 사람이 진정한 이해력을 가진 사람인지 알고 싶었던 것이다. 그러나 누구든지 늘 이런 대답을 했다. "그건 모자구나."

encounter 만남　be concerned with ~에 관심을 갖다　matters of consequence 중요한 일
intimately 밀접하게　at hand 가까이　clear-sighted 명석한　experiment 실험

Q. 나에게 '중요한 일'은 무엇인가요?

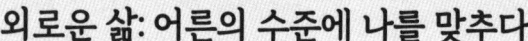

외로운 삶: 어른의 수준에 나를 맞추다

Then I would never talk to that person about boa constrictors, or primeval forests, or stars. I would bring myself down to his level. I would talk to him about bridge, and golf, and politics, and neckties. And the grown-up would be greatly pleased to have met such a sensible man.

그러면 나는 보아뱀, 원시림, 별 이야기를 꺼내지도 않았다. 그의 수준에서 알아들을 수 있도록 나를 맞췄다. 브리지(카드 게임), 골프, 정치, 넥타이에 대한 이야기를 했다. 그러면 그 어른은 분별 있는 사람을 만났다고 아주 흐뭇해하곤 했다.

bridge 브리지 게임   politics 정치   sensible 분별 있는

Q. 남들의 눈에 맞춰 나를 재단한 경험이 있나요?
내 안에 품고 있는 나만의 이야기가 있나요?

브리지 영국에서 유래한 카드 게임으로 유럽 전 지역에서 사랑받았다. 1920년대에 콘트랙트 브리지가 크게 유행했는데, 집에 손님을 초대하여 함께 즐길 만큼 동료의식을 기반으로 한 인기 많은 오락거리였다. 체스가 이미 국제올림픽위원회에서 스포츠로 인정받은 만큼, 브리지 협회도 스포츠로 인정받기 위해 많은 노력을 기울인 결과 2018년, 2022년 아시안 게임 정식 종목으로 채택되었다. 브리지는 2인 1조 경기로 2개 조 총 4명이 경기를 하며 빌 게이츠와 워렌 버핏도 브리지 마니아로 유명하다.

Day 7
사막 한가운데서 들린 목소리

So I lived my life alone, without anyone that I could really talk to, until I had an accident with my plane in the Desert of Sahara, six years ago. I was more isolated than a shipwrecked sailor on a raft in the middle of the ocean. Thus you can imagine my amazement, at sunrise, when I was awakened by an odd little voice. It said: "If you please - draw me a sheep!"

그렇게 나는 진심을 털어놓을 수 있는 사람 없이 외롭게 살았다. 그러다가 6년 전, 사하라 사막에서 비행기 사고를 당하게 되었다. 넓은 바다 한가운데서 뗏목을 타고 떠다니는 난파된 뱃사람보다 훨씬 외로운 처지였다. 그러니 해가 뜰 무렵 이상한 작은 목소리가 나를 깨웠을 때 얼마나 놀랐겠는가. "양 한 마리만 그려줘!"

isolated 고립된   shipwrecked 난파된   raft 뗏목   amazement 놀라움   awaken 깨우다

Q. 고립과 외로움 속에서 겪은 소중한 만남의 경험이 있나요?

사하라 사막 기후학적 기준으로 남극과 북극에 이어 세계에서 세 번째로 넓은 사막이다. 알래스카와 하와이를 제외한 미국의 본토 48개 주 크기보다 더 크며 우랄 산맥 서부 유럽이 통째로 들어가고도 남는 크기다. 흔히 광활한 모래사막을 연상하지만, 실제 사막 면적의 80% 정도의 대부분은 암석사막이 차지하고 있다.

Day 8

신기한 꼬마

I jumped to my feet, completely thunderstruck. I blinked my eyes hard. I looked carefully all around me. And I saw a most extraordinary small person, who stood there examining me with great seriousness. Here you may see the best portrait that, later, I was able to make of him. But my drawing is certainly very much less charming than its model.

That, however, is not my fault. The grown-ups discouraged me in my painter's career when I was six years old, and I never learned to draw anything, except boas from the outside and boas from the inside.

jump to one's feet 벌떡 일어서다   thunderstruck (벼락 맞은 듯) 극도로 놀란
blink 눈을 깜빡이다   seriousness 진지함   portrait 초상화   discourage 낙담시키다

나는 벼락을 맞은 듯 놀라서 벌떡 일어섰다. 눈을 깜박이며 주위를 조심스레 살폈다. 사뭇 진지하게 나를 바라보고 서 있는 신기한 꼬마가 보였다. 여기 그의 초상화가 있다. 훗날 내가 그를 모델로 그린 초상화 중에서 가장 훌륭한 것이다. 그러나 확실히 내 그림이 실제 모델보다 훨씬 못하다.
하지만 그건 내 잘못이 아니다. 어른들로 인해 난 여섯 살 때 화가라는 직업에서 멀어졌고, 속이 보이지 않는 보아와 속이 보이는 보아를 제외하고는 어떤 것도 그리는 법을 배운 적이 없다.

양 한 마리만 그려줘

"But what are you doing here?"
And in answer he repeated, very slowly, as if he were speaking of a matter of great consequence: "If you please - draw me a sheep…"
When a mystery is too overpowering, one dare not disobey. Absurd as it might seem to me, a thousand miles from any human habitation and in danger of death, I took out of my pocket a sheet of paper and my fountain pen. But then I remembered how my studies had been concentrated on geography, history, arithmetic and grammar, and I told the little chap (a little crossly, too) that I did not know how to draw. He answered me: "That doesn't matter. Draw me a sheep…"

"그런데 너 여기서 뭐하고 있니?"
그러자 그는 무슨 중대한 일에 대해 얘기하는 것처럼 아주 천천히 같은 말을 되풀이하며 대답했다. "양 한 마리만 좀 그려줘…."
신비로움에 강하게 압도되면 감히 거역하지 못하는 법이다. 사람 사는 곳에서 수천 마일 떨어진 곳에서 죽음의 위험을 느끼고 있는 상황에서 터무니없는 것처럼 생각하면서도, 나는 주머니에서 종이 한 장과 만년필을 꺼내 들었다. 문득 내가 집중해서 공부해온 것이라곤 지리, 역사, 산수, 문법이었다는 것을 떠올리며, 살짝 퉁명스럽게 그림을 그릴 줄 모른다고 말했다. 그는 대답했다. "괜찮아. 양 한 마리만 그려줘…."

Q. 배우고 싶었는데 배우지 못한 아쉬움이 있는 분야가 있다면 무엇인가요?

overpowering 압도하는   disobey 불복종하다   absurd 터무니없는   habitation 거주
fountain pen 만년필   chap 친구   crossly 퉁명스럽게, 약간 화난

Day 10

다른 양으로 그려줘

But I had never drawn a sheep. So I drew for him one of the two pictures I had drawn so often. It was that of the boa constrictor from the outside. And I was astounded to hear the little fellow greet it with, "No, no, no! I do not want an elephant inside a boa constrictor. A boa constrictor is a very dangerous creature, and an elephant is very cumbersome. Where I live, everything is very small. What I need is a sheep. Draw me a sheep."

So then I made a drawing. He looked at it carefully, then he said: "No. This sheep is already very sickly. Make me another."

하지만 나는 양을 그려본 적이 없었다. 그래서 그토록 자주 그렸던 두 장의 그림 중 하나를 그에게 그려주었다. 내부가 보이지 않는 보아뱀이었다. 그러자 놀랍게도 그 꼬마는 이렇게 답하는 것이 아닌가. "아냐, 아냐, 아냐! 난 보아뱀 뱃속에 코끼리가 있는 것은 싫어. 보아뱀은 아주 위험하고 코끼리는 너무 거추장스러워. 내가 사는 곳은 모든 것이 아주 작거든. 난 양이 필요해. 양 한 마리만 그려줘." 그래서 난 그림을 그렸다. 그는 조심스레 살펴보고 말했다. "아니, 이 양은 벌써 병이 많이 들었어. 다른 걸로 하나 그려줘."

Q. 왜 많은 동물 중에서 어린왕자는 양을 그려달라고 했을까요?

astounded 매우 놀란   cumbersome 무거운, 거추장스러운   sickly 병든

Day 11

인내심에 한계가 왔다

So I made another drawing. My friend smiled gently and indulgently.

"You see yourself," he said, "that this is not a sheep. This is a ram. It has horns." So then I did my drawing over once more. But it was rejected too, just like the others.

"This one is too old. I want a sheep that will live a long time."

By this time my patience was exhausted, because I was in a hurry to start taking my engine apart.

그래서 나는 다른 그림을 그렸다. 내 친구는 부드럽고 너그러운 미소를 지었다. "이건 양이 아니란 걸 잘 알잖아. 숫양이지. 뿔이 돋아 있고." 그래서 나는 한 번 더 그림을 그렸다. 그러나 그것 역시 먼저 번 그림처럼 퇴짜를 맞았다. "이건 너무 늙었어. 나는 오래 살 수 있는 양을 원해." 이쯤 되니 내 인내심이 바닥났다. 엔진을 분해하는 일이 급했기 때문이다.

indulgently 관대하게　　ram 숫양　　horn 뿔　　reject 거절하다
patience 인내심　　exhausted 고갈된

Q. 가장 최근 인내심에 한계가 드러난 경험은 무엇인가요?

나는 이렇게 해서 어린왕자를 알게 되었다

So I toss off this drawing. And throw out an explanation with it.

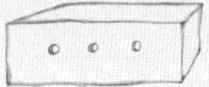

"This is only his box. The sheep you asked for is inside." I was very surprised to see a light break over the face of my young judge: "That is exactly the way I wanted it! Do you think that This sheep will have to have a great deal of grass?"
"Why?" "Because where I live everything is very small..."
"There will be surely be enough grass for him," I said. "It is a very small sheep that I have given you."
He bent his head over the drawing.
"Not so small that – Look! He has gone to sleep..." And that is how I made the acquaintance of the little prince.

• 부록 참조 (224p)

toss off 던지다   bend 구부리다   make the acquaintance of ~을 알게 되다

그래서 나는 이 그림을 던져주며 설명했다. "이건 단지 상자일 뿐이지만 네가 원하는 양이 안에 들어 있어." 놀랍게도 어린 심판관의 얼굴이 환하게 밝아지는 것이 아닌가. "내가 원했던 게 바로 그거야! 양을 먹이려면 풀이 많아야겠지?"
"왜?" "내가 사는 곳은 모든 게 너무 작거든…."
"양을 위한 풀이 충분히 있을 거야. 정말이야. 내가 너에게 준 것은 조그만 양이거든."
그는 고개를 숙여 그림을 들여다봤다. "그렇게 작지 않아. 봐! 잠이 들었어…."
나는 이렇게 어린왕자를 알게 되었다.

Day 13

내가 날 수 있다는 걸 그가 알게 되어 뿌듯했다

It took me a long time to learn where he came from. The little prince, who asked me so many questions, never seemed to hear the ones I asked him. It was from words dropped by chance that, little by little, everything was revealed to me.

The first time he saw my airplane, for instance (I shall not draw my airplane; that would be much too complicated for me), he asked me: "What is that object?"

"That is not an object. It flies. It is an airplane. It is my airplane."

And I was proud to have him learn that I could fly.

그가 어디에서 왔는지 알기까지 오랜 시간이 걸렸다. 어린왕자는 나에게 많은 질문을 하면서도 내가 묻는 말을 전혀 귀담아 듣지 않는 듯했다. 어쩌다 흘린 말에서 조금씩 모든 것을 알게 되었다.
가령, 그가 내 비행기를 처음 보았을 때(내 비행기를 그리지 않을 것이다. 내겐 너무 복잡한 그림이라서), 나에게 이렇게 물었다. "그 물건은 뭐야?"
"그건 물건이 아니야. 날아다니는 거지. 비행기야. 내 비행기."
그리고 나는 내가 날 수 있다는 것을 그가 알게 되어 뿌듯했다.

by chance 우연히   reveal 드러나다   complicated 복잡한   object 물건

Q. 나에 대해 가장 자랑스럽게 말할 수 있는 것은 무엇인가요?

그의 신비한 존재를 이해할 수 있는 실마리

He cried out, then: "What! You dropped down from the sky?"

"Yes," I answered, modestly.

"Oh! That is funny!" And the little prince broke into a lovely peal of laughter, which irritated me very much. I like my misfortunes to be taken seriously. Then he added: "So you, too, come from the sky! Which is your planet?"

At that moment I caught a gleam of light in the impenetrable mystery of his presence; and I demanded, abruptly: "Do you come from another planet?"

But he did not reply.

그러자 그가 큰 소리로 외쳤다. "뭐라고! 하늘에서 떨어졌다고?"
"그래." 나는 겸손하게 대답했다.
"우와! 그것 참 웃긴데!" 그러곤 어린왕자가 유쾌한 웃음을 터뜨렸는데, 이로 인해 나는 매우 불쾌했다. 내 불행을 진지하게 받아들여주길 바랬던 것이다. 그런데 그가 덧붙였다. "그래서 아저씨도 하늘에서 왔구나! 어느 별에서 왔지?"
그 순간 그의 존재에 대해 이해할 수 없었던 신비함 속에서 무언가 실마리처럼 희미한 빛 한 줄기가 보였다. 그래서 나는 다그쳐 물었다. "넌 다른 별에서 왔구나?"
그러나 그는 대답하지 않았다.

Q. 이해되지 않았던 것이 어느 날 이해된 순간이 있었나요?

modestly 겸손하게   peal of laughter 폭소   irritate 짜증나게 하다   misfortune 불행
a gleam of light 희미한 빛줄기   impenetrable 관통할 수 없는, 불가해한

Day 15

어린왕자의 별에 대한 궁금증

He tossed his head gently, without taking his eyes from my plane: "It is true that on that you can't have come from very far away..."
And he sank into a reverie, which lasted a long time. Then, taking my sheep out of his pocket, he buried himself in the contemplation of his treasure. You can imagine how my curiosity was aroused by this half-confidence about the "other planets." I made a great effort, therefore, to find out more on this subject.
"My little man, where do you come from? What is this 'where I live,' of which you speak? Where do you want to take your sheep?"
After a reflective silence he answered: "The thing that is so good about the box you have given me is that at night he can use it as his house."

• 부록 참조 (225p)

toss 던지다   reverie 몽상   contemplation 사색   arouse 불러일으키다
half-confidence 반신반의   reflective 사색적인

그는 내 비행기에서 눈을 떼지 않고 부드럽게 고개를 끄덕였다. "저걸 타고 아주 먼 곳에서 올 수 없었겠지…."
그러고는 오랫동안 생각에 잠겼다. 그러더니 주머니에서 양을 꺼내서 그 보물을 열심히 바라보았다. 알 듯 말 듯한 '다른 별들'에 대한 이야기에 얼마나 내 호기심이 크게 발동했겠는가. 그래서 난 좀 더 알아내려고 무척 애를 썼다. "꼬마야, 넌 어디서 왔어? 네가 말하는 '내가 사는 곳'이 어디야? 양을 어디로 데려가려는 거지?"
생각에 잠겨 말이 없더니 그는 이렇게 대답했다. "아저씨가 준 상자의 좋은 점은 밤에 자기 집으로 사용할 수 있다는 거야."

Day 16

내가 사는 곳은 모든 것이 아주 작아

"That is so. And if you are good I will give you a string, too, so that you can tie him during the day, and a post to tie him to."

But the little prince seemed shocked by this offer: "Tie him! What a queer idea!"

"But if you don't tie him," I said, "he will wander off somewhere, and get lost."

My friend broke into another peal of laughter: "But where do you think he would go?"

"Anywhere. Straight ahead of him." Then the little prince said, earnestly: "That doesn't matter. Where I live, everything is so small!"

And, with perhaps a hint of sadness, he added: "Straight ahead of him, nobody can go very far."

string 줄   post 기둥   queer 이상한
wander off 여기저기 떠돌다   break into ~을 터뜨리다
peal of laughter 폭소   earnestly 진지하게

"물론이지. 그리고 너만 괜찮으면 낮에는 양을 묶어둘 수 있는 끈이랑 말뚝도 줄게."
그러나 어린왕자는 이 제안에 충격을 받은 듯했다. "묶어둔다고! 정말 괴상한 생각이야!"
"하지만 네가 묶어두지 않으면 아무데서나 헤매다가 길을 잃을 텐데."
그 말에 내 친구는 다시 한 번 웃음을 터뜨렸다. "아니, 어디로 갈 것 같은데?"
"아무데나. 자기 앞으로 곧장." 그러자 어린왕자가 진지하게 말했다. "괜찮아. 내가 사는 곳은 모든 게 정말 작거든!"
그리고 어쩐지 좀 슬픈 목소리로 덧붙였다. "제 앞으로 곧장 가봐야, 멀리 갈 수도 없어."

Day 17

중요한 두 번째 사실:
어린왕자의 별은 집 한 채 정도다!

I had thus learned a second fact of great importance: this was that the planet the little prince came from was <u>scarcely</u> any larger than a house! But that did not really surprise me much. I knew very well that in addition to the great planets - such as the Earth, Jupiter, Mars, Venus - to which we have given names, there are also hundreds of others, some of which are so small that one has a hard time seeing them through the telescope. When an astronomer discovers one of these he does not give it a name, but only a number. He might call it, for example, "Asteroid 325."

● 부록 참조 (226p)

그리하여 나는 아주 중요한 두 번째 사실을 알게 되었다. 그것은 바로 어린왕자가 사는 별이 겨우 집 한 채보다 클까 말까 하다는 것이다! 하지만 그게 그렇게 놀라운 것도 아니었다. 우리가 이름을 붙인 지구, 목성, 화성, 금성과 같은 거대한 행성 외에도 아주 작아서 망원경으로도 보기 힘든 수백 개의 다른 별이 있다는 걸 알기 때문이다. 천문학자가 그 중 하나를 발견하면 이름 대신 번호를 붙여준다. 가령 "소행성 325"라고 부를 수 있다.

scarcely 좀처럼 ~하지 않는   Jupiter 목성   Mars 화성   Venus 금성   telescope 망원경
asteroid 소행성

소행성 어린왕자의 소행성은 B612이다. 실제로 소행성은 크기가 매우 작아서 맨눈으로 관측하기 힘들다. 행성 진화론적 모델에 따르면 소행성은 행성으로 뭉쳐지지 못한 잔해물이다. 대부분의 소행성들(75%)은 화성과 목성 사이의 궤도에서 태양을 중심으로 공전한다. 어떤 것들은 긴 타원궤도를 가지고 있어서 수성보다 가까이 태양에 접근하기도 하고 천왕성 궤도까지 멀어지기도 한다. 화성과 목성 사이의 지역을 소행성대(Asteroid belt)라고 부른다. 화성과 목성 사이가 아닌 다른 위치의 소행성 무리도 관측되는데 이를 트로이 소행성군(Trojan asteroid group)이라고 한다.

Day 18

어른들은 숫자를 좋아한다

Grown-ups love figures. When you tell them that you have made a new friend, they never ask you any questions about essential matters. They demand: "How old is he? How many brothers has he? How much money does his father make?" If you were to say to the grown-ups: "I saw a beautiful house made of rosy brick, with geraniums in the windows and doves on the roof," they would not be able to get any idea of that house at all. You would have to say to them: "I saw a house that costs $20,000." Then they would exclaim: "Oh, what a pretty house that is!"

어른들은 숫자를 좋아한다. 친구를 사귀었다고 말하면 중요한 건 묻지 않는다. 어른들이 궁금해하는 건 "몇 살이야? 형제가 몇 명이래? 아빠는 얼마나 버신다니?"와 같은 수치이다. "아름다운 장밋빛 벽돌집을 봤어요. 창틀에 제라늄이 피어 있고 지붕에는 비둘기가 있어요." 라고 말하면 어른들은 어떤 집인지 도무지 모를 거다. "2만 달러짜리 집을 봤어요." 라고 말하면 그제서야 "어머나, 정말 집이 멋있다!" 하고 탄성을 지를 것이다.

figure 숫자   essential 중요한   brick 벽돌   exclaim 탄성을 지르다

Q. 내가 사는 집을 숫자 이외의 것으로 묘사해볼까요?

Day 19

인생을 이해하는 우리에게 숫자는 중요하지 않다

But certainly, for us who understand life, figures are a matter of indifference. I should have liked to begin this story in the fashion of the fairy tales. I should have liked to say: "Once upon a time there was a little prince who lived on a planet that was scarcely any bigger than himself, and who had need of a sheep..."
To those who understand life, that would have given a much greater air of truth to my story.

확실한 건, 인생을 이해하고 있는 우리에게 숫자는 중요하지 않다는 것이다. 동화 같은 방식으로 이 이야기를 시작했으면 좋았을 텐데. 나는 이렇게 말하고 싶었다. "옛날 옛적에 자기보다 조금 클까 말까 한 별에서 살고 있는 어린왕자가 양을 친구로 가지고 싶었대…."
인생을 이해하고 있는 사람들에게 이런 식의 이야기가 더 진실되었을 것이다.

indifference 무관심   should have p.p ~하면 좋았을 텐데   fairy tale 동화

Q. 인생을 이해하는 데 가장 중요한 것은 무엇인가요?

Day 20

친구를 잊는다는 건 슬픈 일이다

I have suffered too much grief in setting down these memories. Six years have already passed since my friend went away from me, with his sheep. If I try to describe him here, it is to make sure that I shall not forget him. To forget a friend is sad. Not every one has had a friend. And if I forget him, I may become like the grown-ups who are no longer interested in anything but figures.

● 부록 참조 (226~227p)

이 추억들을 이야기하려니 나는 너무 슬퍼진다. 내 친구가 양을 가지고 나에게서 떠난 지 벌써 6년이 지났다. 여기서 그를 그리려 하는 것은 잊어버리지 않기 위해서다. 친구를 잊어버리는 것은 슬픈 일이다. 누구나 친구를 가지는 것은 아니기에. 그리고 그를 잊어버리면 나는 더이상 숫자에만 연연하는 어른들과 같이 되어버릴지 모른다.

grief 큰 슬픔, 비통   set down 기록하다   describe 그리다, 묘사하다

Q. 잊혀지지 않는 친구가 있나요? 왜 그런가요?

Day 21
아마도 내가 자기와 같다고 생각했나 보다

It is for that purpose, again, that I have bought a box of paints and some pencils. It is hard to take up drawing again at my age. I shall certainly try to make my portraits as true to life as possible. But I am not at all sure of success. One drawing goes along all right, and another has no resemblance to its subject. My friend never explained anything to me. He thought, perhaps, that I was like himself. But, I alas, do not know how to see sheep through the walls of boxes. Perhaps I am a little like the grown-ups. I have had to grow old.

이 때문에(어린왕자를 기억하기 위해) 나는 물감 한 상자와 연필 몇 자루를 샀다. 내 나이에 다시 그림을 시작하는 것은 어려운 일이다. 힘이 닿는 한 그의 모습과 가장 비슷한 초상화를 그리려고 노력할 것이다. 하지만 성공할지는 잘 모르겠다. 어떤 그림은 그런대로 괜찮지만 어떤 그림은 전혀 다른 그림이 되어버린다. 내 친구가 아무것도 설명해주지 않았으니까. 아마도 내가 자기와 같다고 생각했나 보다. 하지만 불행히도 나는 상자 벽을 통해 양을 보는 방법을 모른다. 어쩌면 나도 어느 정도는 어른들을 닮았는지도 모른다. 나도 늙었나 보다.

take up 시작하다   portrait 초상화   have no resemblance to ~와 닮지 않다

Q. 나이 때문에 할 수 없는 것, 혹은 할 수 있는 것은 무엇인가요?

Day 22
바오밥 나무의 비극

As each day passed I would learn, in our talk, something about the little prince's planet, his departure from it, his journey. The information would come very slowly, as it might chance to fall from his thoughts. It was in this way that I heard, on the third day, about the catastrophe of the baobabs. This time, once more, I had the sheep to thank for it. For the little prince asked me abruptly - as if seized by a grave doubt - "It is true, isn't it, that sheep eat a little bushes?"

"Yes, that is true."

"Ah! I am glad!"

나는 날마다 대화 속에서 어린왕자의 별, 별을 떠나온 것, 그의 여행에 대해 알아갔다. 그의 생각에서 무심코 떨어진 말을 통해 서서히 알게 된 것이다. 사흘째 되는 날 바오밥 나무의 비극에 대해서도 그렇게 알게 되었다. 이번에도 역시 양 덕분이었다. 심각한 의문이 생긴 듯 어린왕자가 느닷없이 물어왔다. "양이 작은 덤불을 먹는다는 게 정말이지?"
"그럼, 정말이지."
"아! 잘됐네!"

departure 출발   chance to 우연히 ~하다   catastrophe 대재앙   abruptly 불쑥
seize 붙잡다   grave 심각한   doubt 의심

바오밥 나무 생명력이 강하고 수명이 길어서 수천 년을 살 수 있으며, 씨앗을 제때 발견하여 뽑아내지 않으면 어린왕자의 별을 파괴할 수 있을 만한 힘과 크기를 가졌다. 어린왕자가 양을 찾는 주된 이유는 유해제거대상 1호인 바오밥 나무 때문이다. 하지만 실제 아프리카 원주민에게 바오밥은 생명 나무의 역할을 한다. 열매는 훌륭한 영양 공급원이고 껍질은 섬유의 재료가 되며 잎과 줄기는 질병 치료제로 사용된다.

Day 23

포개 놓은 코끼리들

I did not understand why it was so important that sheep should eat little bushes. But the little prince added: "Then it follows that they also eat baobabs?"

I pointed out to the little prince that baobabs were not little bushes, but, on the contrary, trees as big as castles; and that even if he took a whole herd of elephants away with him, the herd would not eat up one single baobab. The idea of the herd of elephants made the little prince laugh. "We would have to put them one on top of the other," he said.

on the contrary 반대로   castle 성   herd 무리

양이 작은 덤불을 먹어야 하는 게 왜 그리 중요한지를 이해하지 못했다. 그러나 어린왕자는 이렇게 말을 이었다. "그럼 바오밥 나무도 먹겠지?"
나는 어린왕자에게 바오밥 나무는 작은 덤불이 아니라 오히려 성만큼이나 큰 나무이고 코끼리 한 떼를 데려간다 해도 바오밥 나무 한 그루도 먹어치우지 못할 거라고 알려주었다.
코끼리 한 떼라는 말에 어린왕자는 웃으며 말했다. "코끼리를 포개 놓아야겠네."

좋은 식물에는 좋은 씨앗이, 나쁜 식물에는 나쁜 씨앗이

But he made a wise comment: "Before they grow so big, the baobabs start out by being little."

There were good seeds from good plants, and bad seeds from bad plants. But seeds are invisible. One little seed will stretch itself and begin - timidly at first - to push a charming little sprig inoffensively upward toward the sun. When it is a bad plant, one must destroy it as soon as possible, the very first instant that one recognizes it. Now there were some terrible seeds on the planet that was the home of the little prince; and these were the seeds of the baobab. A baobab is something you will never, never be able to get rid of if you attend to it too late.

● 부록 참조 (227p)

comment 논평, 말   invisible 보이지 않는
timidly 소심하게   sprig 잔가지
inoffensively 악의 없이   instant 순간

그런데 현명하게도 그는 이런 말을 했다. "바오밥 나무가 크게 자라기 전에는 작잖아."
좋은 식물에는 좋은 씨앗이, 나쁜 식물에는 나쁜 씨앗이 있다. 하지만 씨앗들은 보이지 않는다. 그중 작은 씨앗 하나는 기지개를 켜고 태양을 향해 조그만 가지를 수줍게 쏘옥 내밀기 시작한다. 나쁜 식물의 싹이면 알아차린 순간 빨리 뽑아내야 한다. 어린왕자의 별에는 무서운 씨앗이 있는데 바로 바오밥 나무의 씨앗이었다. 바오밥 나무는 너무 늦게 손을 쓰면 영영 제거할 수 없게 된다.

규칙적인 수고, 귀찮지만 굉장히 쉬운 일

"It is a question of discipline," the little prince said to me later on. "When you've finished your own toilet in the morning, then it is time to attend to the toilet of your planet, just so, with the greatest care. You must see to it that you pull up regularly all the baobabs, at the very first moment when they can be distinguished from the rose-bushes which they resemble so closely in their earliest youth. It is very tedious work," the little prince added, "but very easy."

"그건 규율의 문제야." 후에 어린왕자가 말했다. "아침에 몸단장을 하고 나면 정성을 들여 별을 단장해줄 시간이 되지. 바오밥 나무는 구분할 수 있을 때 즉시 뽑아내는 수고를 규칙적으로 해야 해. 어릴 때는 장미와 아주 흡사하거든. 그건 귀찮은 일이지만 쉬운 일이기도 해."

discipline 규율   toilet 몸단장   attend to ~을 돌보다   regularly 규칙적으로
distinguish A from B A를 B와 구별하다   rose-bush 장미 덤불   tedious 지겨운

○ 《어린왕자》가 창작된 시기(1943년)를 고려할 때 제2차 세계대전(1939~1945년)에 참전한 생텍쥐페리가 바오밥 나무를 나쁜 씨앗에서 자라난 나치즘의 위협을 상징한 것이라는 분석이 있다. 뿌리가 위로 올라온 것처럼 거꾸로 심어진 모양 때문에 '신의 실수다', '악마가 나무 가지에 걸려 넘어져 화가 나서 거꾸로 심었다' 등의 많은 전설이 있다. 바오밥이 잘 발아한다는 점과 화산이 있는 것으로 보아 어린왕자의 별은 고온인 것도 알 수 있다.

때론 할 일을 미루었다가 큰 낭패를 본다

And one day he said to me: "You ought to make a beautiful drawing, so that the children where you live can see exactly how all this is. That would be very useful to them if they were to travel some day. Sometimes," he added, "there is no harm in putting off a piece of work until another day. But when it is a matter of baobabs, that always means a catastrophe. I knew a planet that was inhabited by a lazy man. He neglected three little bushes." So, as the little prince described it to me, I have made a drawing of that planet.

하루는 어린왕자가 나에게 말했다. "우리 땅에 살고 있는 아이들의 머릿속에 콕 박히도록 예쁜 그림을 그려야 해. 언젠가 여행을 가면 도움이 될 거야." 그러고는 덧붙였다. "때론 할 일을 좀 미루는 것이 나쁠 건 없어. 하지만 바오밥 나무의 문제는 그랬다가는 큰 재앙이 될 거야. 난 게으른 사람이 사는 별을 아는데, 작은 나무 세 그루를 무심하게 내버려뒀어." 그래서 어린왕자가 설명한 대로 나는 그 별을 그렸다.

Q. 현재 내가 좀 미룰 수 있는 일과, 미루면 안 되는 일은 무엇인가요?

put off 연기하다, 미루다   inhabit 거주하다   neglect 방치하다

Day 27

바오밥 나무를 조심해!

I do not much like to take the tone of a moralist. But the danger of the baobabs is so little understood, and such considerable risks would be run by anyone who might get lost on an asteroid, that for once I am breaking through my reserve. "Children," I say plainly, "watch out for the baobabs!"

My friends, like myself, have been skirting this danger for a long time, without ever knowing it; and so it is for them that I have worked so hard over this drawing.

● 부록 참조 (227p)

나는 성인군자와 같은 말투를 별로 좋아하지 않는다. 하지만 바오밥 나무의 위험이 거의 알려져 있지 않아서 소행성에서 길을 잃게 될 사람이 겪게 될 위험이 너무 크기에 난생처음 신중함을 버리고 이렇게 분명히 말하고 싶다. "얘들아, 바오밥 나무를 조심해!"
나처럼 내 친구들은 자신도 모른 채 이런 위험에 오랫동안 둘러싸여 있었다. 그래서 나는 그들을 위해 급박한 심정으로 열심히 이 그림을 그렸다.

moralist 도덕주의자　considerable 상당한　asteroid 소행성
reserve 조심성, 신중함　plainly 분명하게　skirt 가장자리를 두르다

Q. 내 삶에 경계해야 할 바오밥은 무엇인가요?

Day 28

해질녘을 조용히 바라보는 기쁨

Oh, little prince! Bit by bit I came to understand the secrets of your sad little life… For a long time you had found your only entertainment in the quiet pleasure of looking at the sunset. I learned that new detail on the morning of the fourth day, when you said to me: "I am very fond of sunsets. Come, let us go look at a sunset now."

"But we must wait," I said.

"Wait? For what?"

"For the sunset. We must wait until it is time."

At first you seemed to be very much surprised. And then you laughed to yourself. You said to me: "I am always thinking that I am at home!"

오, 어린왕자! 너의 쓸쓸한 삶의 비밀을 조금씩 알게 되었단다…. 오랫동안 너의 심심풀이라고는 해질녘의 풍경을 조용히 바라보는 기쁨밖에 없었구나. 나흘째 되는 날 아침, 나는 새로운 사실을 알았어. 너는 나에게 이렇게 말했거든. "난 해질 무렵을 좋아해. 이제 해지는 거 보러 가자." / "그럼 기다려야지." 내가 대꾸했지.
"뭘 기다린다는 거야?" / "해질 시간이 될 때까지 기다려야지."
처음에 넌 몹시 놀라는 듯했어. 그리고 혼자 웃음을 터트리고는 말했어. "내가 아직 내 별에 있다고 생각했네!"

---

entertainment 오락거리   pleasure 기쁨   sunset 일몰

Q. 언제 마지막으로 해가 지는 것을 바라보았나요? 그때의 느낌은 어땠나요?

Day 29

해질녘을 좋아하는 건 너무 슬퍼서 그런 거야

Everybody knows that when it is noon in the United States the sun is setting over France. If you could fly to France in one minute, you could go straight into the sunset, right from noon. Unfortunately, France is too far away for that. But on your tiny planet, my little prince, all you need do is move your chair a few steps. You can see the day end and the twilight falling whenever you like...

"One day," you said to me, "I saw the sunset forty-four times!" And a little later you added: "You know - one loves the sunset, when one is so sad..."

"Were you so sad, then?" I asked, "on the day of the forty-four sunsets?" But the little prince made no reply.

누구나 알고 있듯이 미국이 정오일 때 프랑스에서는 해가 지고 있다. 단숨에 프랑스로 갈 수 있다면 정오에 이어 곧바로 해가 지는 광경을 볼 수 있다. 불행히도 프랑스는 너무 멀리 떨어져 있다. 하지만 너의 작은 별에서, 어린왕자여, 의자만 몇 걸음 옮기면 되지. 그렇게 원할 때마다 너는 해가 지는 것을 볼 수 있었지.
"어느 날 나는 해가 지는 걸 마흔네 번이나 봤어!" 잠시 후 너는 다시 말을 이어갔어. "그거 알아? 해질녘을 좋아하는 건 너무 슬퍼서 그런 거야…."
"해지는 걸 마흔네 번 본 날은 아주 슬펐겠구나?" 그러나 어린왕자는 대답이 없었다.

unfortunately 불행히도   tiny 작은   twilight 황혼

◯ 불어 원문의 43회 일몰이 영어로 번역되면서 44회로 바뀌었다. 44세로 생을 마감한 생떽쥐페리를 기리기 위해서라는 주장이 있지만 안타깝게도 '43'의 숫자에 담긴 묵직한 의미가 있다. 나치가 프랑스를 침공하여 생떽쥐페리의 고향을 점령하는 데까지 43일이 걸렸다. 어린왕자가 자유 프랑스의 마지막 43번째의 일몰을 바라보며 슬펐던 이유다. 제2차 세계대전 중 사망한 생떽쥐페리는 아쉽게도 그의 조국이 자유로워지는 것을 끝내 보지 못했다.

Day 30

또 다른 비밀이 드러나다

On the fifth day - again, as always, it was thanks to the sheep - the secret of the little prince's life was revealed to me.

"A sheep - if it eats little bushes, does it eat flowers, too?"

"A sheep," I answered, "eats anything it finds in its reach."

"Even flowers that have thorns?"

"Yes, even flowers that have thorns."

"Then the thorns - what use are they?"

I did not know. At that moment I was very busy trying to unscrew a bolt that had got stuck in my engine. I was very much worried, for it was becoming clear to me that the breakdown of my plane was extremely serious. And I had so little drinking-water left that I had to fear the worst.

닷새째 되는 날, 역시 양 덕분에 어린왕자의 삶의 다른 비밀을 알게 되었다.
"양은 작은 덤불도 먹으니까 꽃도 먹겠지?" / "양은 무엇이든 보이면 먹지."
"가시가 있는 꽃도?" / "그럼, 가시가 있는 꽃도 먹고말고."
"그럼 가시는 무슨 소용이 있는 거지?"
나도 몰랐다. 그때 나는 엔진에 박힌 볼트를 푸느라 정신이 없었다. 비행기의 고장이 극도로 심각하다는 것이 드러나면서 걱정이 이만저만이 아니었다. 게다가 먹을 물도 거의 남지 않아 최악의 상태까지 갈까 두려운 상황이었다.

Q. 내가 가장 걱정하고 염려하는 사람은 누구인가요?

thorn 가시   in one's reach 닿는 범위 내에서   unscrew 돌리다   breakdown 고장

꽃들은 가시를 가지고 공연히 심술을 부릴 뿐이지!

"The thorns - what use are they?" The little prince never let go of a question, once he had asked it. As for me, I was upset over that bolt. And I answered with the first thing that came into my head: "The thorns are of no use at all. Flowers have thorns just for spite!"

"Oh!" There was a moment of complete silence. Then the little prince flashed back at me, with a kind of resentfulness: "I don't believe you! Flowers are weak creatures. They are naive. They reassure themselves as best they can. They believe that their thorns are terrible weapons…"

I did not answer. At that instant I was saying to myself: "If this bolt still won't turn, I am going to knock it out with the hammer."

"가시는 뭐에 쓰는 거야?" 어린왕자는 한 번 물으면 절대 포기하지 않았다. 나는 볼트 때문에 신경이 곤두서 있었기에 되는대로 아무렇게나 대답했다. "가시는 아무짝에도 쓸모가 없다고. 꽃들은 공연히 심술을 부릴 뿐이지!"
"그래?" 잠시 조용해졌다가 어린왕자는 원망스럽다는 듯 톡 쏘아붙였다. "그건 거짓말이야! 꽃은 연약해. 순진하다고. 할 수 있는 방법으로 자신을 보호하는 거라고. 꽃은 가시가 무서운 무기가 될 수 있다고 믿는 거야…" 나는 아무 대꾸도 하지 않았다. 그 순간 나는 "돌려도 이 볼트가 나오지 않으면 망치로 두들겨 빼야지." 하고 혼잣말을 했다.

Q. 나를 보호하려는 나의 가시는 무엇인가요?

let go of (손에 쥔 것을) 놓다   spite 악의, 앙심   complete 완전한
flash back 톡 쏘아 붙이다   resentfulness 분개   reassure oneself ~을 안심시키다

Day 32

아저씨, 지금 어른들처럼 말하고 있잖아!

Again the little prince disturbed my thoughts: "And you actually believe that the flowers…"

"Oh, no!" I cried. "No, no, no! I don't believe anything. I answered you with the first thing that came into my head. Don't you see I am very busy with matters of consequence!"

He stared at me, thunderstruck. "Matters of consequence!" He looked at me there, with my hammer in my hand, my fingers black with engine-grease, bending down over an object which seemed to him extremely ugly…

"You talk just like the grown-ups!"

That made me a little ashamed. But he went on, relentlessly: "You mix everything up together… You confuse everything…" He was really very angry. He tossed his golden curls in the breeze.

disturb 방해하다 thunderstruck (벼락 맞은 듯) 극도로 놀란 grease 기름
bend down 구부리다 relentlessly 가차없이 breeze 산들바람

어린 왕자는 또다시 내 생각을 방해했다. "그럼 아저씨 생각으로는 사실 꽃들이…."
"그만!" 나는 소리쳤다. "그만해! 난 아무래도 상관없어. 되는 대로 대답했을 뿐이야. 내가 중요한 일로 바쁘다는 것을 모르겠니!"
그는 놀라서 나를 빤히 바라보았다. "중요한 일이라고!"
망치를 손에 들고 손가락은 시커멓게 엔진 기름투성이가 된 채 매우 흉측해 보이는 물체 위로 몸을 기울이고 있는 나를 바라보았다. "아저씨는 어른들처럼 말하고 있잖아!"
그 말에 나는 조금 부끄러워졌다. 그런데도 그는 가차없이 말을 이어갔다. "아저씨는 모든 것을 뒤섞고 있어… 모든 것을 혼동하고 있다고…." 그는 정말 화가 나 있었다. 그의 금빛 머리카락이 바람에 흩날렸다.

꽃이 가시를 만들려고 애쓰는 걸
이해하려는 게 중요하지 않다고?

"The flowers have been growing thorns for millions of years. For millions of years the sheep have been eating them just the same. And is it not a matter of consequence to try to understand why the flowers go to so much trouble to grow thorns which are never of any use to them? Is the warfare between the sheep and the flowers not important? And if I know - I, myself - one flower which is unique in the world, which grows nowhere but on my planet, but which one little sheep can destroy in a single bite some morning, without even noticing what he is doing - Oh! You think that is not important!"

"꽃은 수백만 년 동안 가시를 만들어왔어. 양도 수백만 년 동안 똑같이 그걸 먹어왔고. 그런데 왜 꽃이 아무 소용이 없는 가시를 만들려고 애쓰는 걸 이해하려는 게 중요하지 않아? 양과 꽃 사이의 전쟁은 중요한 게 아니라는 거지? 만일 내 별에만 있는, 이 세상에 단 하나밖에 없는, 내가 알고 있는 그 꽃 하나를, 어느 날 아침 어린양 한 마리가 무심코 단숨에 먹어버릴 수도 있는, 그 일이 중요하지 않다는 거냐고!"

warfare 전투, 전쟁   unique 유일한   destroy 파괴하다

Q. 현재 이해되지 않거나 깊이 고민하고 있는 문제가 있다면 무엇인가요?

별을 바라보는 것만으로도 행복해져

His face turned from white to red as he continued: "If some one loves a flower, of which just one single blossom grows in all the millions and millions of stars, it is enough to make him happy just to look at the stars. He can say to himself: 'Somewhere, my flower is there...' But if the sheep eats the flower, in one moment all his stars will be darkened... And you think that is not important!"

He could not say anything more. His words were choked by sobbing.

그는 얼굴이 점점 새빨개지며 말을 이어갔다. "수백만 개의 별들 가운데 단 하나밖에 피어나지 않는 꽃을 사랑하는 사람은 별들을 바라보는 것만으로도 행복해져. '저 별들 어딘가에 내 꽃이 있을 거야…' 하고 생각만 해도 행복해지거든. 하지만 양이 그 꽃을 먹어버리면 한순간에 그의 모든 별들이 사라지는 거나 마찬가지야. 그런데도 그것이 중요하지 않다고 생각한다는 거지!"
그는 더 이상 말할 수 없었다. 흐느낌에 말을 잇지 못했다.

blossom 꽃   darken 어둡게 하다   choke 숨이 막히다   sob 흐느끼다

Q. 나를 행복하게 하는 꽃은 무엇인가요?

Day 35

눈물의 나라는 그렇게 신비한 곳이다

The night had fallen. I had let my tools drop from my hands. Of what moment now was my hammer, my bolt, or thirst, or death? On one star, one planet, my planet, the Earth, there was a little prince to be comforted. I took him in my arms, and rocked him. I said to him: "The flower that you love is not in danger. I will draw you a muzzle for your sheep. I will draw you a railing to put around your flower. I will-"

I did not know what to say to him. I felt awkward and blundering. I did not know how I could reach him, where I could overtake him and go on hand in hand with him once more. It is such a secret place, the land of tears.

밤이 내린 뒤였다. 나는 손에서 연장을 내려놓았다. 지금 망치도 볼트도 갈증도 죽음도 어떤 것이 중요하랴? 하나의 별, 하나의 행성, 나의 별 지구에서 위로를 받아야 할 어린왕자가 있었다. 나는 그를 두 팔로 껴안아 부드럽게 흔들며 말했다. "네가 사랑하는 꽃은 위험하지 않아. 양에게 입마개를 그려줄게. 꽃 주변에 방어막을 그려주고. 내가…."
나는 무슨 말을 해야 할지 몰랐다. 나 자신이 어색하고 서툴게 느꼈다. 어떻게 그에게 다가갈 수 있을지, 어디쯤에서 그의 마음을 붙잡고 다시 한 번 더 함께 걸을 수 있을지 몰랐다. 눈물의 나라는 그렇게 신비한 곳이다.

of moment 아주 중요한   comfort ~을 위로하다   rock 흔들다   muzzle 재갈, 입마개
railing 철책, 울타리   awkward 어색한   blundering 서투른

Q. 나를 변하게 한 눈물의 경험이 있다면 무엇인가요?

Day 36

신비로운 것이 꼭 나타날 것을 예감했다

I soon learned to know this flower better. One day, from a seed blown from no one knew where, a new flower had come up; and the little prince had watched very closely over this small sprout which was not like any other small sprouts on his planet. It might, you see, have been a new kind of baobab. But the shrub soon stopped growing, and began to get ready to produce a flower. The little prince, who was present at the first appearance of a huge bud, felt at once that some sort of miraculous apparition must emerge from it.

나는 곧 이 꽃에 대해 더 많은 것을 알게 되었다. 어느 날, 어딘지 모르는 곳에서 날아온 씨앗에서 새로운 꽃이 싹텄다. 그리고 어린왕자는 자기 별에 있는 다른 싹들과 다른 이 싹을 주의 깊게 관찰했다. 새로운 종류의 바오밥 나무일지도 몰랐다. 하지만 그 작은 나무(관목)는 곧 성장을 멈추고 꽃피울 준비를 하기 시작했다. 거대한 꽃망울이 처음 맺히는 것을 보았던 어린왕자는 이제 곧 꽃에서 어떤 신비로운 것이 나타날 것이라 예감했다.

sprout 싹   shrub 관목   miraculous 기적같은   apparition 환영, 유령

Q. 어딘지 모르는 곳에서 날아든 소중한 인연이 있다면?

관목 높이가 2m 이내이고 주줄기가 분명하지 않으며 밑동이나 땅속 부분에서부터 줄기가 갈라져 나는 나무를 뜻한다. 어린왕자의 꽃인 장미가 관목에 속한다. 사랑스럽지만 까다로운 성격을 가진 생떽쥐페리의 아내를 모티브로 탄생한 장미 캐릭터는 어린왕자에게 세상에서 단 하나밖에 없는 존재였다. 하지만 어린왕자는 여행을 통해 그 꽃이 수많은 장미꽃 중의 하나에 불과하다는 것을 알고 슬퍼한다. 그러나 곧 여우를 통해서 어떻게 그 꽃이 중요할 수 있는지를 배우게 된다.

Day 37

아주 요염한 꽃이었다!

But the flower was not satisfied to complete the preparation for her beauty in the shelter of her green chamber. She chose her colors with the greatest care. She dressed herself slowly. She adjusted her petals one by one. She did not wish to go out into the world all rumpled, like the field poppies. It was only in the full radiance of her beauty that she wished to appear. Oh, yes! She was a coquettish creature! And her mysterious adornment lasted for days and days.

그러나 꽃은 연녹색 방 속에서 언제까지고 아름다워질 준비만 하고 있었다. 꽃은 정성스레 빛깔을 고르고 있었다. 천천히 옷을 입고 꽃잎을 하나하나 다듬었다. 꽃양귀비처럼 온통 구겨진 채 세상으로 나가고 싶지 않았다. 아름다움이 최고로 빛을 발할 때에야 비로소 나가고 싶어 했다. 아, 됐다! 아주 요염한 꽃이었다! 꽃의 신비한 몸단장은 며칠이고 계속되었다.

preparation 준비   shelter 주거지, 보호소   chamber 방   adjust 조절하다   petal 꽃잎
rumpled 구겨진   field poppy 꽃양귀비   radiance 빛   coquettish 교태를 부리는
adornment 장식

양귀비(opium poppy) 중국 당현종의 후궁이었던 양귀비의 미모에 빗대어 지어진 이름이다. 실존 인물 양귀비 때문에 한 나라가 파탄 난 것처럼 양귀비는 한 사람의 인생, 혹은 나라를 파탄 내는 마약의 원료였다. 아편 성분이 없는 양귀비의 종류도 있으며 이 경우 양귀비와 구분 짓기 위해 꽃양귀비라고 부르기도 한다.

Day 38

어린왕자는 감탄을 금치 못했다

Then one morning, exactly at sunrise, she suddenly showed herself. And, after working with all this painstaking precision, she yawned and said: "Ah! I am scarcely awake. I beg that you will excuse me. My petals are still all disarranged..."
But the little prince could not restrain his admiration: "Oh! How beautiful you are!"
"Am I not?" the flower responded, sweetly. "And I was born at the same moment as the sun..."
The little prince could guess easily enough that she was not any too modest - but how moving - and exciting - she was!

● 부록 참조 (228p)

그러던 어느 날 아침, 바로 해가 뜰 무렵, 꽃은 갑자기 모습을 드러냈다. 그처럼 공들여 몸치장을 한 꽃은 하품을 하며 말했다. "아! 이제야 잠이 깼네요. 양해 부탁드려요. 제 꽃잎이 아직도 온통 헝클어져 있네요…."
그러나 어린왕자는 감탄을 금치 못했다. "참 아름다우시군요!"
"그렇죠?" 꽃은 살며시 대답했다. "그리고 나는 해와 같은 시간에 태어났답니다…."
어린왕자는 그 꽃이 그다지 겸손하지는 않다는 걸 알아챘다. 그래도 얼마나 감동적이고 흥미로운가!

painstaking 공들인   precision 정확성   restrain 억누르다   disarranged 어지럽혀진
modest 겸손한

Q. 나만의 아름다움은 무엇인가요?

꽃은 허영심으로 어린왕자를 괴롭히기 시작했다

"I think it is time for breakfast," she added an instant later. "If you would have the kindness to think of my needs-"
And the little prince, completely abashed, went to look for a sprinkling-can of fresh water. So, he tended the flower.

So, too, she began very quickly to torment him with her vanity - which was, if the truth be known, a little difficult to deal with. One day, for instance, when she was speaking of her four thorns, she said to the little prince: "Let the tigers come with their claws!"
"There are no tigers on my planet," the little prince objected.

"아침 먹을 시간인 것 같아요." 잠시 후 꽃이 다시 말했다. "제 생각 좀 해주시겠어요?" 어린왕자는 몹시 당황하여 신선한 물이 담긴 물뿌리개를 찾아 꽃에 뿌려주었다.
이렇게, 사실대로 말하자면, 꽃은 까다로운 허영심으로 피어나자마자 어린왕자를 괴롭히기 시작했다. 예를 들어, 어느 날 자기가 가진 네 개의 가시에 대해 이야기하면서 어린왕자에게 말했다. "호랑이들이 발톱을 세우고 와도 괜찮아요!"
"내 별에는 호랑이가 없어요." 어린왕자가 항의했다.

abashed 창피한   torment 괴롭히다   vanity 허영심   claw 발톱

Q. 어떤 유형의 사랑이 견디기 힘드나요?
상대를 배려하기 위한 나만의 기본원칙이 있다면?

Day 40
이 꽃은 정말 까다롭군

"And, anyway, tigers do not eat weeds."
"I am not a weed," the flower replied, sweetly.
"Please excuse me…"
"I am not at all afraid of tigers," she went on, "but I have a horror of drafts. I suppose you wouldn't have a screen for me?"
"A horror of drafts - that is bad luck, for a plant," remarked the little prince, and added to himself, "This flower is a very complex creature…"
"At night I want you to put me under a glass globe. It is very cold where you live. In the place I came from-"

● 부록 참조 (228p)

weed 풀, 잡초   draft 바람   screen 보호막   remark 말하다

"그리고 호랑이는 풀을 먹지 않아요." / "저는 풀이 아니예요." 꽃이 살며시 대답했다.
"용서하세요…." / "난 호랑이는 전혀 무섭지 않지만," 꽃이 계속 말을 이어갔다. "바람은 질색이예요. 혹시 바람막이가 있나요?"
"바람이 질색이라니 식물에겐 안 된 일이군요." 어린왕자가 답하며 이렇게 생각했다. '이 꽃은 정말 까다롭군….'
"밤에 나를 유리 덮개로 씌워주세요. 당신의 별은 매우 춥군요. 내가 살던 곳은…."

Day 41

그녀는 뻔한 거짓말을 하다 들켰다

But she interrupted herself at that point. She had come in the form of a seed. She could not have known anything of any other worlds. Embarrassed over having let herself be caught on the verge of such a naive untruth, she coughed two or three times, in order to put the little prince in the wrong.
"The screen?"
"I was just going to look for it when you spoke to me..."
Then she forced her cough a little more so that he should suffer from remorse just the same.

● 부록 참조 (228~229p)

그러나 그 지점에서 꽃은 말을 잇지 못했다. 꽃은 씨앗의 형태로 왔기 때문에 다른 세계에 대해서는 아는 게 있을 리가 없었다. 뻔한 거짓말을 하다 들킨 것에 당황한 꽃은 어린왕자를 탓하려 두세 번 기침을 했다.
"바람막이요?"
"찾으려고 했는데 당신이 계속 말을 했잖아요…."
그러자 꽃은 어린왕자에게 자책감을 느끼게 하려고 더 심하게 기침을 했다.

interrupt 중단시키다   embarrassed 당황한   on the verge of ~하기 직전에
untruth 거짓말   remorse 후회

Q. 나의 세계(안전지대)를 넘어본 인생경험이 있다면 언제인가요?

Day 42

어린왕자는 곧 꽃을 의심하기 시작했다

So the little prince, in spite of all the good will that was inseparable from his love, had soon come to doubt her. He had taken seriously words which were without importance, and it made him very unhappy.
"I ought not to have listened to her," he confided to me one day. "One never ought to listen to the flowers. One should simply look at them and breathe their fragrance. Mine perfumed all my planet. But I did not know how to take pleasure in all her grace. This tale of claws, which disturbed me so much, should only have filled my heart with tenderness and pity."

● 부록 참조 (229p)

그래서 어린왕자는 자신의 사랑에서 우러나온 호의를 가지고 있으면서도 꽃을 의심하게 되었다. 대수롭지 않은 말들을 심각하게 받아들였고, 이로 인해 몹시 불행해졌다.
"꽃의 말에 귀를 기울이지 말았어야 했어." 어느 날 그는 내게 털어놓았다. "꽃의 말에 귀를 기울이면 안 돼. 그저 바라보고 향기만 맡아야지. 내 꽃은 별을 온통 향기로 뒤덮었지만 난 그것을 즐길 줄 몰랐어. 그 발톱 이야기에 너무 언짢았지만 실은 애정을 가지고 가엽게 여겨야 했어."

inseparable 뗄 수 없는 confide (비밀을) 털어놓다 fragrance 향기 perfume 향을 뿌리다
disturbed 언짢은 tenderness 부드러움 pity 연민

Q. 숨기고 싶지만 보완해야 할 나의 약점은 무엇인가요?

말이 아닌 행동을 보고 판단했어야 해

And he continued his confidences: "The fact is that I did not know how to understand anything! I ought to have judged by deeds and not by words. She cast her fragrance and her radiance over me. I ought never to run away from her... I ought to have guessed all the affection that lay behind her poor little stratagems. Flowers are so inconsistent! But I was too young to know how to love her..."

● 부록 참조 (230p)

어린왕자는 확고하게 말을 이어갔다. "사실 난 어떤 것도 이해할 줄 몰랐던 거지! 말이 아닌 행동을 보고 판단했어야 했어. 꽃은 나에게 향기와 빛을 발해주었어. 꽃을 떠나지 말았어야 했어…. 꽃의 밑당 뒤에 숨겨진 애정을 눈치 챘어야 했지. 꽃들은 너무 변덕스럽긴 해! 하지만 너무 어려서 어떻게 사랑해야 할지 몰랐어."

deed 행동   cast 던지다   affection 애정   stratagem 책략   inconsistent 일관성 없는

Q. 상대의 말과 행동이 달라 헷갈릴 때는 어떻게 대처하는 것이 현명할까요?

Day 44

철새들의 도움으로, 여행 시작!

I believe that for his escape he took advantage of the migration of a flock of wild birds. On the morning of his departure he put his planet in perfect order. He carefully cleaned out his active volcanoes. He possessed two active volcanoes; and they were very convenient for heating his breakfast in the morning. He also had one volcano that was extinct. But, as he said, "One never knows!" So he cleaned out the extinct volcano, too. The little prince also pulled up, with a certain sense of dejection, the last little shoots of the baobabs. He believed that he would never want to return.

나는 어린왕자가 야생 철새들의 이동을 이용해서 별을 떠나왔을 거라 생각한다. 떠나는 날 아침, 그는 자신의 별을 잘 정돈했다. 불을 뿜는 화산을 정성스레 청소했다. 그의 별에는 두 개의 화산이 불을 뿜고 있었고 그 덕분에 아침 식사를 데우는 게 편했다. 불이 꺼진 화산도 하나 있었다. 그러나 "어찌될지 알 수 없어!"라는 그의 말처럼 그 사화산도 청소했다. 또한 좀 서글픈 심정으로 바오밥 나무의 마지막 싹들도 뽑아냈다. 그는 다시 돌아오고 싶지 않을 것이라고 생각했다.

take advantage of ~을 이용하다   migration 이동   possess 소유하다
convenient 편리한   extinct volcano 사화산   dejection 낙심   shoot 싹

Day 45

마지막이어서 유난히 소중한 일상

But on this last morning all these familiar tasks seemed very precious to him. And when he watered the flower for the last time, and prepared to place her under the shelter of her glass globe, he realized that he was very close to tears. "Goodbye," he said to the flower. But she made no answer.
"Goodbye," he said again.
"I have been silly," she said to him, at last. "I ask your forgiveness. Try to be happy…" He did not understand this quiet sweetness.

● 부록 참조 (230p)

그런데 친숙한 이 모든 일들이 마지막 날 아침에는 유난히도 소중하게 느껴졌다. 그래서 마지막으로 꽃에 물을 주고 유리 덮개를 씌워주려는 순간 어린왕자는 거의 울 뻔했다. "잘 있어." 그가 꽃에게 말했다. 그러나 꽃은 아무 대답도 하지 않았다.
"잘 있으라구." 그가 다시 말했다.
"내가 어리석었어." 마침내 꽃이 말했다. "용서해줘. 부디 행복하길 바래…." 꽃의 그 조용하고 다정한 태도를 이해할 수 없었다.

forgiveness 용서　　sweetness 달콤함

Q. 빼앗길 수 없는 나의 소중한 일상은 무엇인가요?

Day 46

내가 널 좋아하는 걸 몰랐다면 그건 내 잘못이야

"Of course I love you," the flower said to him. "It is my fault that you have not known it all the while. That is of no importance. But you – you have been just as foolish as I. Try to be happy… Let the glass globe be. I don't want it any more." "But the wind-"

"My cold is not so bad as all that… The cool night air will do me good. I am a flower."

"But the animals-"

"Well, I must endure the presence of two or three caterpillars if I wish to become acquainted with the butterflies. And if not the butterflies – and the caterpillars – who will call upon me? You will be far away…"

● 부록 참조 (231p)

"그래, 난 널 좋아해." 꽃이 그에게 말했다. "지금껏 네가 그걸 몰랐던 건 내 잘못이야. 그게 중요한 게 아니지. 하지만 너도 나만큼 어리석었어. 부디 행복하렴…. 유리 덮개는 내버려 둬. 이제 필요 없으니까." "하지만 바람이…."
"내 감기가 그렇게 대단한 건 아니야. 시원한 밤 공기는 나에게 좋을 거야. 난 꽃이니까."
"하지만 동물들은…."
"음, 나비를 알려면 두세 마리의 애벌레쯤은 견뎌야지. 나비와 애벌레가 아니라면 누가 나를 찾아주겠어? 너는 멀리 있을 테고…."

endure 견디다   presence 존재   caterpillar 애벌레   be acquainted with ~와 알다

Q. 관계에서 오해를 막기 위해 중요한 것은 무엇인가요?

Day 47

자존심 강한 꽃의 마지막 인사

"As for the large animals - I am not at all afraid of any of them. I have my claws." And, naively, she showed her four thorns.
Then she added: "Don't linger like this. You have decided to go away. Now go!"
For she did not want him to see her crying.
She was such a proud flower...

"큰 동물들이라면 전혀 두렵지 않아. 날카로운 발톱이 있으니까." 그러면서 꽃은 천진난만하게 네 개의 가시를 보여주었다.
그러고는 말을 이었다. "그렇게 우물쭈물하지 마. 떠나기로 결심했잖아. 어서 가!"
꽃은 자신이 울고 있는 모습을 보이고 싶지 않았던 것이다.
그토록 자존심이 강한 꽃이었다….

claw 발톱   linger 오래 머물다   proud 자존심 강한

Q. 남에게 보이지 못하는 내 안의 두려움은 무엇인가요?

장미 가시 장미 가시는 줄기의 표피세포(껍질)가 변해서 생긴 것으로, 해충이나 동물들로부터 자신을 보호하는 역할을 한다. 그리스로마신화에서 큐피트가 장미에 반해 키스를 하려고 했다가 벌에 입술을 쏘인다. 화가 난 어머니 비너스가 벌들의 침을 모아 장미에 붙인 것이 장미의 가시라고 한다. "가시에 찔리지 않고서는 장미꽃을 모을 수 없다"는 말처럼 어린왕자는 순진하게 다가서다가 가시에 찔려 상처를 받고 있는지도 모른다. 자기 방어를 위해 뾰족하게 돋은 가시를 피해 조심히 다가간다면 사랑, 우정의 아름다움을 소유할 수 있게 될 것이다.

지구에 도착하기 전까지 총 여섯 개의 별에는
이상한 어른들이 살고 있다.
왕, 허영꾼, 술주정뱅이, 사업가, 가로등 켜는 사람, 지리학자.
누굴 만나든 어린왕자의 입에서 똑같은 말이 터져 나온다.
"어른들은 정말 이상해!"

어린왕자의 눈에 비친 어른들의 군상은
권력, 허영, 중독, 돈, 규율, 탁상공론의 응집이다.
삶의 구석까지 엉겨 붙어 떼어낼 수도 없는
비본질의 입자들에
한 뙈기, 두 뙈기 내면의 땅을 점령당한 어른들.
자신에게만 집중된 그 길의 끝은
생의 허비라는 외딴섬일지 모른다.
권력과 돈, 있으면 좋다.
하지만 둘만을 좇다
기진맥진 낭비되는 삶은 별로다.

어린왕자는 사유가 있는 성장 여행,
장미를 위해 할애하는 시간을 선택한다.
나만 살찌면 비만이나
너까지 채우면 확장이다.
어린왕자가 온몸으로 통과한 여행의 저편에는
삶의 의미, 사랑의 관계가 맺힌다.

신기루 같은 삶을 좇으며
외로이 인생을 축내느냐
인생의 좌표에 기대어
누군가와 치열하게 부대끼느냐
독존(獨存)의 고립보다 관계의 쓸모가,
차가운 머리보다 따뜻한 가슴이 좋다.
얄팍했던 인생 지갑이
행복으로 두둑해지는 것,
삶이 따스한 희극으로 각색되는 절묘함이
우리 생에 진짜 필요한 반전 아닐까.

PART 002
통찰

인생의 비극은
쓸데없는 일에
삶을
허비하는
것이다

하루 10분 100일의 영어 필사

첫 번째 별, 모두를 신하로 보는 왕

He found himself in the neighborhood of the asteroids 325, 326, 327, 328, 329, and 330. He began, therefore, by visiting them, in order to add to his knowledge. The first asteroids the little prince visited was inhabited by a king. Clad in royal purple and ermine, he was seated upon a throne which was at the same time both simple and majestic.

"Ah! Here is a subject," exclaimed the king, when he saw the little prince coming. And the little prince asked himself: "How could he recognize me when he had never seen me before?"

He did not know how the world is simplified for kings. To them, all men are subjects.

어린왕자의 별은 325번, 326번, 327번, 328번, 329번, 330번 별과 이웃해 있었다. 따라서 어린왕자는 견문을 넓힐 생각으로 그 별들부터 방문하기로 했다. 첫 번째 별에는 왕이 살고 있었다. 그 왕은 자주빛 천과 흰 담비 모피로 된 옷을 입고 거추장스럽지 않고 위엄 있게 왕좌에 앉아 있었다.
"아! 여기 신하가 한 명 왔구나." 어린왕자를 보고 왕이 큰 소리로 외쳤다. 어린왕자는 혼잣말을 하며 이상하게 생각했다. "나를 한 번도 본 적 없는데 어떻게 알아볼까?"
어린왕자는 왕들이 얼마나 세상을 단순화시켜 생각하는지 몰랐다. 그들에게는 모든 사람이 다 신하인 것이다.

in the neighborhood ~의 근처에   asteroid 소행성   clad 옷을 입은
ermine 북방족제비, 담비   majestic 위엄있는   subject 백성   simplify 단순화하다

북방족제비 북아메리카 전역에 걸쳐 서식하며 우리가 흔히 떠올리는 쇠족제비에 비해 몸이 크고 꼬리가 길며, 겨울철의 새하얀 털이 특징이다. 역사적으로 하얀 털은 왕족과 고위 관리들이 착용하는 의복을 제작하는 데 자주 사용되었다.

자신의 절대 권위를 존중받고 싶어 하다

For what the king fundamentally insisted upon was that his authority should be respected. He tolerated no disobedience. He was an absolute monarch. But, because he was a very good man, he made his orders reasonable.

"If I ordered a general," he would say, by way of example, "if I ordered a general to change himself into a sea bird, and if the general did not obey me, that would not be the fault of the general. It would be my fault."

"May I sit down?" came now a timid inquiry from the little prince.

"I order you to do so," the king answered him, and majestically gathered in a fold of his ermine mantle.

왜냐하면 왕은 기본적으로 자신의 권위가 존중되어야 한다고 생각했기 때문이다. 불복종을 용납할 수 없었다. 그는 절대 군주였다. 하지만 매우 선량한 사람이었기 때문에 사리에 맞는 명령을 내렸다. 예를 들면 이런 식이었다. "만일 짐이 장군에게 물새로 변신하라고 명했는데 장군이 이 명령에 따르지 않는다면 그것은 장군의 잘못이 아니라 짐의 잘못이오."
"앉아도 될까요?" 어린왕자가 소심하게 질문했다.
"네게 앉기를 명하노라." 흰 담비 망토 한 자락을 위엄 있게 걷어 올리며 왕이 대답했다.

fundamentally 근본적인   authority 권위   tolerate 참다   disobedience 불복종
absolute monarch 절대 군주   reasonable 합리적인   general 장군   timid 소심한
inquiry 요구   majestically 위엄있게   mantle 망토

Day 50

짐은 불복종을 허락하지 아니하느니라

But the little prince was wondering... The planet was tiny. Over what could this king really rule?

"Sire - over what do you rule?"

"Over everything," said the king, with magnificent simplicity. The king made a gesture, which took in his planet, the other planets, and all the stars.

"Over all that?" asked the little prince.

"Over all that," the king answered.

For his rule was not only absolute: it was also universal.

"And the stars obey you?"

"Certainly they do," the king said. "They obey instantly. I do not permit insubordination."

하지만 어린왕자는 의아했다…. 그 별은 아주 작았다. 왕이 무엇을 다스린다는 걸까?
"폐하, 폐하는 무엇을 다스리고 계십니까?"
"모든 것을 다스리노라." 왕은 아주 간단히 대답했다. 그러고는 몸짓으로 자신의 별과 다른 별들 그리고 모든 별들을 가리켰다.
"그 모든 것을요?" 어린왕자가 물었다. "그 모든 것을 전부 다스리지." 왕이 대답했다.
그는 절대 군주일 뿐만 아니라 온 우주를 다스리는 왕이기도 했던 것이다.
"그러면 별들도 폐하께 복종하나요?"
"물론이지." 왕이 답했다. "즉각적으로 순종하지. 짐은 불복종을 허락하지 아니하느니라."

rule 다스리다   magnificent 장대한   simplicity 간단함   take in 포함하다, 잡다
universal 우주의, 보편적인   instantly 즉각적으로   insubordination 불복종

○ 《어린왕자》 출간 당시 생떽쥐페리는 조국 프랑스를 떠나 미국에 피신해 있었다. 히틀러나 무솔리니와 같은 파시스트의 침공으로 프랑스, 영국의 리더들이 맥없이 무너지는 상황이었다. 첫 번째 별에서 왕은 스스로 권력이 있다고 착각하지만 실제적인 힘을 쓸 수 없는 이들의 모습이 투영되어 있다. 나아가 권력 중독으로 외롭게 고립되어 가는 우리 사회 어른들의 단상을 보여주기도 한다.

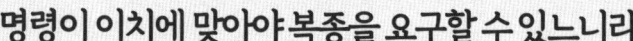

Day 51

명령이 이치에 맞아야 복종을 요구할 수 있느니라

Such power was a thing for the little prince to marvel at. Because he felt a bit sad as he remembered his little planet which he had forsaken, he plucked up his courage to ask the king a favor: "I should like to see a sunset. Do me that kindness... Order the sun to set..."
"One must require from each one the duty which each one can perform," the king went on. "Accepted authority rests first of all on reason. If you ordered your people to go and throw themselves into the sea, they would rise up in revolution. I have the right to require obedience because my orders are reasonable."

● 부록 참조 (232p)

그런 굉장한 권력에 어린왕자는 경탄했다. 버려두고 온 자신의 별을 떠올리며 슬퍼진 어린 왕자는 용기를 내어 왕에게 부탁했다.
"저는 해가 지는 것을 보고 싶습니다. 부디 저의 소원을 들어주십시오…. 해가 지도록 명령을 내려주세요…."
"누구나 각자가 수행할 수 있는 것을 요구해야 하는 법이니라." 왕은 말을 이어갔다. "인정받는 권위는 무엇보다 사리에 맞는 이성에 근거를 두어야 하지. 만일 네가 백성들에게 가서 바다에 몸을 던지라고 명령한다면 그들은 혁명을 일으킬 것이다. 짐이 복종을 요구할 권한을 갖는 것은 짐의 명령이 사리에 맞기 때문이니라."

marvel at ~에 경탄하다   forsake 버리다   pluck up 뽑아내다, (용기를) 내다
revolution 혁명   obedience 복종

Q. 사리에 맞지 않는 명령이나 요구에 어떻게 대처하는 것이 현명할까요?

작은 별의 사법 대신으로 임명하다

"I shall set out on my way again."

"Do not go," said the king, who was very proud of having a subject. "Do not go. I will make you a Minister!"

"Minister of what?"

"Minister of - of Justice!"

"But there is nobody here to judge!"

"We do not know that," the king said to him. "I have not yet made a complete tour of my kingdom. I am very old. There is no room here for a carriage. And it tires me to walk."

"Oh, but I have looked already!" said the little prince, turning around to give one more glance to the other side of the planet. On that side, as on this, there was nobody at all...

minister 대신   justice 정의   complete 완수하다   glance 힐끗 보다, 힐끗 봄

"저는 다시 제 길을 가볼게요."
신하를 하나 갖게 된 것을 매우 자랑스러워했던 왕이 말했다. "떠나지 말라. 너를 대신으로 삼겠노라."
"무슨 대신이요?" / "음, 사법 대신이니라!" / "하지만 재판받을 사람이 아무도 없는 걸요!"
"그건 모를 노릇이지." 왕이 답했다. "짐이 아직 왕국을 모두 순시해보지 않았으니까. 연로한데 사륜마차를 둘 곳도 없고 걸어 다니자니 피곤하거든."
"아, 제가 이미 다 봤어요!" 어린왕자는 돌아서서 별의 반대편을 다시 한 번 힐끗 바라보며 말했다. 저쪽에도 이쪽처럼 아무도 없었다….

자신을 올바로 판단하는 것이 진정한 지혜이다

"Then you shall judge yourself," the king answered. "That is the most difficult thing of all. It is much more difficult to judge oneself than to judge others. If you succeed in judging yourself rightly, then you are indeed a man of true wisdom."

"Yes," said the little prince, "but I can judge myself anywhere. I do not need to live on this planet." The grown-ups are very strange, the little prince said to himself, as he continued on his journey.

"아무도 없으면 너를 판단해 보거라." 왕이 답했다.
"모든 일 중에 가장 어려운 일이지. 다른 이를 판단하는 것보다 나를 판단하는 것이 훨씬 더 어려운 법이거든. 만일 너 자신을 올바로 바라본다면 너는 진정한 지혜자가 되는 것이다."
"맞아요." 어린왕자가 답했다. "하지만 자신을 판단하는 것은 어디서든 할 수 있어요. 이 별에서 살아야 필요는 없죠." 어른들은 정말 이상하다고 속으로 중얼거리며 그는 다음 별로 향했다.

rightly 올바로

Q. 나는 스스로 어떤 사람이라고 생각하나요?

○ 솔로몬 왕은 하나님께서 원하는 소원 딱 한 가지를 말하라고 했을 때 '지혜'라고 답했다. 이에 전무후무한 지혜를 갖게 되었고, 지혜뿐만 아니라 부와 명예를 모두 누리게 되었다. 하지만 이 세상에서 가장 지혜로운 왕으로 꼽히는 솔로몬 왕조차 자기 자신을 올바로 판단하지 못했다. 수백 명의 여자와 결혼하며 결국, 말년이 비참했다. 자신을 제대로 바라보는 것은 그만큼 어려운 일이다. 그래서 이것이 진정한 지혜자가 되는 조건이다.

두 번째 별, 허영심 많은 사람

The second planet was inhabited by a conceited man. "Ah! Ah! I am about to receive a visit from an admirer!" He exclaimed from afar, when he first saw the little prince coming. For, to conceited men, all other men are admirers.

"Good morning," said the little prince. "That is a queer hat you are wearing."

"It is a hat for salute. It is to raise in salute when people acclaim me. Unfortunately, nobody at all ever passes this way."

두 번째 별에는 허영심 많은 사람이 살고 있었다.
"아! 아! 나를 찬양하는 사람이 찾아오는군!" 어린왕자를 보자마자 그가 멀리서부터 외쳤다. 허영꾼에게는 세상 모든 사람들이 자신을 찬양하는 사람으로 보였다.
"안녕하세요." 어린왕자가 말했다. "특이하게 생긴 모자를 쓰고 계시네요."
"답례를 하기 위한 것이지. 사람들이 나에게 환호할 때 답례하기 위해서야. 그런데 불행히도 아무로 이리로 지나가지를 않는군."

inhabit 거주하다 conceited 허영심 많은 admirer 경배자 afar 멀리서
salute 인사, 경의의 표시 acclaim 환호하다

Q. 사람들은 나의 어떤 부분을 칭찬하나요?
　내가 칭찬하고 존경하는 덕목은 무엇인가요?

잘난 체하는 사람에게는
칭찬하는 말만 들리는 법이다

"What should one do to make the hat come down?" he asked. But the conceited man did not hear him. Conceited people never hear anything but praise.

"Do you really admire me very much?" he demanded of the little prince.

"What does that mean - 'admire'?"

"To admire means that you regard me as the handsomest, the best-dressed, the richest, and the most intelligent man on this planet."

"But you are the only man on your planet!"

"Do me this kindness. Admire me just the same."

"I admire you," said the little prince, shrugging his shoulders slightly.

"The grown-ups are certainly very odd," he said to himself, as he continued on his journey.

● 부록 참조 (232~233p)

handsomest 가장 잘생긴   intelligent 지적인   shrug 어깨를 으쓱하다

"그 모자를 내리려면 어떻게 해야 해요?" 어린왕자가 물었다. 하지만 허영심 많은 남자는 그 말을 듣지 않았다. 잘난 체하는 사람에게는 칭찬하는 말만 들리는 법이다.
"너는 나를 진정 찬탄하는가?" 그가 어린왕자에게 물었다.
"찬탄이 뭔가요?" / "이 별에서 내가 가장 미남이고 옷을 가장 잘 입으며 제일 부자에 가장 똑똑한 사람으로 생각해주는 것이지."
"이 별에 아저씨 혼자 살잖아요." / "친절을 베풀어 나를 그저 찬탄해주려무나."
"그러죠 뭐." 어린왕자는 살짝 어깨를 으쓱하며 말했다.
"어른들은 정말 이상해." 어린왕자는 속으로 중얼거리며 다음 별로 향했다.

◐ 허영심 많은 허세남은 자기 자신에게만 집중되어 있어서 세상의 아름다움을 볼 수 없다. 진정한 존경을 받으려면 세상을 향해야 한다. 그것이 진정한 인생의 성공이며, 찬탄은 찾지 않아도 따라온다.

Day 56

세 번째 별, 술 마시는 게 부끄러워
또 술을 마시는 술꾼

The next planet was inhabited by a tippler. This was a very short visit, but it plunged the little prince into deep dejection.

"What are you doing there?" he said to the tippler.

"I am drinking," replied the tippler, with a lugubrious air.

"Why are you drinking?" demanded the little prince.

"So that I may forget," replied the tippler. "Forget what?" inquired the little prince, who already was sorry for him.

"Forget that I am ashamed," the tippler confessed, hanging his head. "Ashamed of what?" insisted the little prince, who wanted to help him. "Ashamed of drinking!" "The grown-ups are certainly very odd," he said to himself, as he continued on his journey.

tippler 술꾼   dejection 낙담   lugubrious 침울한
ashamed of ~를 부끄러워 하는

그다음 별에는 술꾼이 살고 있었다. 아주 짧은 방문이었지만 어린왕자는 깊은 낙심에 빠졌다.
"뭐하고 있어요?" 그는 술꾼에게 말했다.
"술 마시지." 술꾼은 침울한 표정으로 대꾸했다. "술을 왜 마셔요?" 어린왕자가 물었다.
"잊기 위해서 마시지." 술꾼이 대답했다. "무엇을 잊으려는 거죠?" 측은한 마음으로 어린왕자가 물었다.
"부끄러운 걸 잊으려고." 고개를 떨구며 술꾼이 고백했다. "뭐가 부끄러운데요?" 그를 돕고 싶어서 어린왕자가 캐물었다. "술 마시는 게 부끄러워!"
"어른들은 정말 이상하다니까." 어린왕자는 다음 여행지로 향하며 혼자 중얼거렸다.

Day 57

네 번째 별, 하루 종일 별을 세는 바쁜 사업가

The fourth planet belonged to a businessman. This man was so much occupied that he did not even raise his head at the little prince's arrival.

"Good morning," the little prince said to him. "Your cigarette has gone out."

"Three and two make five. Five and seven make twelve. Twelve and three make fifteen. Good morning. Fifteen and seven make twenty-two. I haven't time to light it again... Five-hundred-and-one million - I can't stop. I have so much to do! I am concerned with matters of consequence. I don't amuse myself with balderdash..."

네 번째는 사업가의 별이었다. 이 남자는 어찌나 바쁜지 어린왕자가 와도 고개조차 들지 않았다.
"안녕하세요." 어린왕자가 그에게 말했다. "담뱃불이 꺼졌어요."
"셋 더하기 둘은 다섯, 다섯 더하기 일곱은 열둘, 열둘 더하기 셋은 열다섯. 안녕. 열다섯 더하기 일곱은 스물 둘. 다시 담뱃불 붙일 시간도 없네… 오억 일백만… 멈출 수가 없네. 너무 바쁘군! 나는 중요한 일을 하는 사람이야. 허튼 소리할 시간이 없다고."

amuse oneself 즐기다, 흥겨워하다   balderdash 허튼소리

Q. 수집품이 있나요? 소유하고 있는 것 중 수량이 가장 많은 것은 무엇인가요?

Day 58

별을 보며 공상하는 것보다
별의 개수를 세는 것이 더 중요하지

"Five-hundred-and-one millions what?"

The businessman suddenly realized that there was no hope of being left in peace until he answered this question.

"Little golden objects that set lazy to idle dreaming. As for me, I am concerned with matters of consequence. There is no time for idle dreaming in my life."

"Ah! You mean the stars?"

"Yes, that's it. The stars."

● 부록 참조 (233p)

"뭐가 오억 일백만이라는 거죠?"
사업가는 질문에 대답하기 전까지는 조용히 일하기는 글렀다는 걸 깨달았다.
"게으름뱅이들이 공상에 잠기게 만드는 금빛 나는 조그만 것들 말이야. 헌데 나는 중요한 일을 하는 사람이라 공상에 잠길 시간이 없단 말이지."
"아! 별들을 말하는 거군요?"
"그래 맞아, 별이야."

object 물건   idle dream 공상하다

Q. 상상만 해도 즐거운 일은 무엇인가요?

Day 59

많은 별에 대한 소유권만 가지면 돼

"What do you do with these stars?"

"Nothing. I own them."

"What good does it do you to own the stars?"

"It does me the good of making me rich."

"And what good does it do you to be rich?"

"It makes it possible for me to buy more stars if any are discovered."

"What do you do with them?"

"I administer them. I count them and recount them. I am a man who is naturally interested in matters of consequence. I can put them in the bank."

"Whatever does that mean?"

"That means that I write the number of my stars on a little paper. And then I put this paper in a drawer and lock it with a key."

"And that is all?"

"That is enough."

administer 관리하다

"별 가지고 뭘하는 거예요?" / "아무것도 안 해. 그냥 소유하는 거지."
"별을 가지면 뭐가 좋죠?" / "나를 부자로 만들어주는 게 좋지."
"부자가 되면 뭐가 좋은데요?" / "발견하는 대로 별을 계속 살 수 있지."
"그걸로 뭘하는데요?" / "별을 관리하지. 세고 다시 세고. 나는 본래 중요한 일에 관심이 많거든. 내가 별을 은행에 맡길 수 있어."
"그게 무슨 말이죠?"
"작은 종이에 별의 개수를 적고 난 후, 종이를 서랍에 넣고 열쇠로 잠그는 걸 의미해."
"그게 다예요?" / "그거면 충분하지."

Day 60

소유의 진정한 의미: 서로에게 유익한 것

On matters of consequence, the little prince had ideas which were very different from those of the grown-ups. "I myself own a flower, which I water every day. I own three volcanoes, which I clean out every week. It is of some use to my volcanoes, and it is of some use to my flower, that I own them. But you are of no use to the stars..."

The businessman opened his mouth, but he found nothing to say in answer.

"The grown-ups are certainly altogether extraordinary," he said simply, talking to himself as he continued on his journey.

중요한 일에 대해서 어린왕자는 어른들과 매우 다른 생각을 가지고 있었다. "나는 꽃을 하나 가지고 있는데 매일 물을 줘요. 나에게 화산 세 개가 있어서 매주 그을음을 청소해주고요. 내가 화산이나 꽃을 소유하는 것은 화산에게나 꽃에게 어느 정도 유익한 일이죠. 그런데 아저씨는 별들에게 유익한 게 없잖아요."
사업가는 입을 열었지만 할 말이 없었다.
"어른들은 정말 아주 희한하군." 어린왕자는 여행을 계속하면서 혼잣말로 중얼거릴 뿐이었다.

of some use 어느 정도 유익한   of no use 유익하지 않은   extraordinary 기이한

Q. 소유의 진정한 의미는 무엇이라고 생각하나요?

다섯 번째 별, 가로등 켜는 사람

The fifth planet was very strange. It was the smallest of all. There was just enough room on it for a street lamp and a lamplighter.

"Good morning. Why have you just put out your lamp?"

"Those are the orders," replied the lamplighter. "Good morning."

"What are the orders?" "The orders are that I put out my lamp. Good evening."

And he lighted his lamp again. "But why have you just lighted it again?"

"Those are the orders," replied the lamplighter.

"There is nothing to understand," said the lamplighter. "Orders are orders. Good morning." And he put out his lamp.

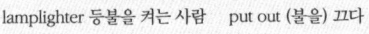
lamplighter 등불을 켜는 사람   put out (불을) 끄다

다섯 번째 별은 매우 기이했다. 모든 별들 중 가장 작은 별이었다. 가로등 하나와 가로등을 켜는 사람이 서 있는 공간이 다였다. "안녕하세요. 왜 가로등을 지금 막 껐어요?"
"그건 명령이야." 가로등 켜는 사람이 대답했다. "좋은 아침!"
"명령이 뭔데요?" "가로등을 끄는 거야. 잘 자."
그리고 다시 불을 켰다. "그런데 왜 방금 다시 불을 켰어요?"
"명령이야." 가로등 켜는 사람이 대답했다. "이해할 게 없어." 가로등 켜는 사람이 말했다.
"명령은 명령이니까. 좋은 아침!" 그러고는 또 불을 껐다.

Day 62

명령에 충실하다 보니 쉴 시간이 없어

"In the old days it was reasonable. I put the lamp out in the morning, and in the evening I lighted it again. I had the rest of the day for relaxation and the rest of the night for sleep."

"And the orders have been changed since that time?"

"No, that is the tragedy! From year to year the planet has turned more rapidly and the orders have not been changed! Then the planet now makes a complete turn every minute, and I no longer have a single second for repose."

The little prince felt that he loved this lamplighter who was so faithful to his orders.

"전에는 적절했어. 아침이면 불을 끄고 저녁이면 불을 다시 켰지. 낮시간 동안 쉴 수도 있었고 밤에는 잠을 잘 수 있었거든."
"그럼, 그 후로 명령이 바뀌었어요?"
"아니, 안 바뀐 게 문제지! 이 별은 해가 갈수록 빨리 돌고 있는데 명령이 바뀌지 않았다고! 이제는 일분에 한 번씩 회전하고 있어서 내가 잠시도 쉴 수가 없어."
어린왕자는 명령에 이토록 충실한 이 가로등 켜는 사람이 좋아졌다.

reasonable 합리적인   relaxation 휴식   tragedy 비극   repose 휴식   faithful 충실한

Q. 나의 생각이 배제된 채, 그저 따르고 있는 일이 있다면 무엇인가요?

○ 런던, 프라하, 베를린은 전 세계적으로 점등인이 남아 있는 몇 안 되는 도시들이다. 문화유산을 지키려는 노력, 관광지로서의 역사적 진정성 복원 등을 목적으로, 수동으로 불을 밝히는 가스등과 점등인을 현대에도 볼 수 있다. 1812년 이후 거리를 지켰던 가로등을 위해 한때 25,000명의 점등인이 있었지만 지금은 5명만이 런던을 가스등으로 밝히고 있다.

Day 63

쉬고 싶을 때면 걸어가면 돼

"Your planet is so small that three strides will take you all the way around it. To be always in the sunshine, you need only walk along rather slowly. When you want to rest, you will walk - and the day will last as long as you like."

"That man," said the little prince to himself, "is the only one of them whom I could have made my friend. Perhaps that is because he is thinking of something else besides himself. But his planet is indeed too small. There is no room on it for two people…"

What the little prince did not dare confess was that he was sorry most of all to leave this planet, because it was blest every day with 1,440 sunsets!

"아저씨 별은 작으니까 세 걸음만 걸으면 한 바퀴를 돌 수 있잖아요. 언제나 햇빛 속에 있으려면 천천히 걷기만 하면 되는 거죠. 쉬고 싶을 때면 걸어가면 돼요. 그러면 하루 해가 원하는 만큼 길어질 거예요."
"저 사람은 내가 유일하게 친구로 삼고 싶었는데." 하고 어린왕자는 혼잣말을 했다. "그건 아마도 자기가 아닌 다른 것을 생각하는 모습 때문일 거야. 하지만 별이 너무 작아. 두 사람이 있을 공간이 없어…."
어린왕자가 이 별을 떠나는 것이 서운한 이유는 인정하지 못하고 있었지만 매일 1,440번이나 해가 지는 것을 볼 수 있는 축복을 받은 별이기 때문이었다.

stride 성큼성큼 걷다, 큰 걸음   blest 축복받은

Q. 나만의 스트레스 해소법, 혹은 내 삶에 쉼표를 찍어주는 활동이 있나요?

여섯 번째 별, 서재에 짱박혀 있는 지리학자

The sixth planet was ten times larger than the last one. It was inhabited by an old gentleman who wrote voluminous books.

"What is that big book?" said the little prince. "What are you doing?"

"I am a geographer, a scholar who knows the location of all the seas, rivers, towns, mountains, and deserts," said the old gentleman.

"Your planet is very beautiful," the little prince said. "Has it any oceans? Has it any mountains? And towns, and rivers, and deserts?"

"I couldn't tell you," said the geographer.

"But you are a geographer!"

"Exactly," the geographer said. "But I am not an explorer. I haven't a single explorer on my planet. The geographer is much too important to go loafing about. He does not leave his desk."

voluminous 거대한   geographer 지리학자   explorer 탐험가   loaf 빈둥거리다

여섯 번째 별은 다섯 번째 별보다 열 배나 더 컸다. 어마어마하게 커다란 책을 쓴 노신사 한 명이 살고 있었다.
"그 두꺼운 책은 뭐예요?" 어린왕자가 물었다. "뭘하고 있는 거죠?"
"난 지리학자란다. 바다, 강, 도시, 산, 사막의 위치를 모두 아는 학자이지." 노신사가 말했다.
"할아버지 별은 아름다워요." 어린왕자가 말했다. "바다도 있어요? 산은요? 마을과 강과 사막도 있나요?" / "난 몰라." 지리학자가 말했다.
"할아버지는 지리학자잖아요!" / "그렇지." 지리학자가 말했다. "하지만 난 탐험가는 아니거든. 내 별엔 탐험가가 한 명도 없어. 지리학자는 너무 중요한 일을 하기 때문에 한가로이 돌아다닐 수 없어. 서재를 떠날 수 없지."

탐험가의 말에만 의존해서 책을 쓰는 지리학자

"But the geographer receives the explorers in his study. He asks them questions, and he notes down what they recall of their travels. And if the recollections of any one among them seem interesting to him, the geographer orders an inquiry into that explorer's moral character."
"Why is that?"
"Because an explorer who told lies would bring disaster on the books of the geographer. So would an explorer who drank too much."
"Why is that?" asked the little prince.
"Because intoxicated men see double. Then the geographer would note down two mountains in a place where there was only one."

● 부록 참조 (234p)

"하지만 지리학자는 서재에서 탐험가들을 만나지. 그들에게 질문하고 그들의 여행 기억을 기록하는 거야. 탐험가의 기억 중 흥미로운 게 있으면 지리학자는 그 탐험가의 품행을 조사하지." / "왜 그런 거죠?" / "탐험가가 거짓말을 하면 지리학자가 쓴 책에 커다란 재앙을 가져오게 될 테니까. 탐험가가 술을 너무 많이 마셔도 그렇지."
"그건 왜 그럴죠?" 어린왕자가 물었다. / "술에 취한 사람에게는 모든 것이 두 개로 보이거든. 그렇게 되면 지리학자는 산이 한 개인데도 두 개로 기록하게 될 거야."

recall 회상하다   recollection 기억   moral 도덕적인   intoxicated (술에) 취한

Q. 타인에게 너무 의존하다가 낭패를 겪은 경험이 있나요?

Day 66

안전지대를 넘어선 탐험가, 어린왕자

"You come from far away! You are an explorer! You shall describe your planet to me!"

"Oh, where I live," said the little prince, "it is not very interesting. It is all so small. I have three volcanoes. Two volcanoes are active and the other is extinct. I have also a flower."

"We do not record flowers," said the geographer.

"Why is that? The flower is the most beautiful thing on my planet!"

"Because they are ephemeral. Geographies," said the geographer, "are the books which, of all books, are most concerned with matters of consequence. We write of eternal things."

"넌 멀리서 왔구나! 네가 탐험가야! 너의 별에 대해서 이야기해줘!"
"내가 사는 별은 그리 흥미로울 게 없어요." 어린왕자가 말했다. "모두 너무 작거든요. 화산이 세 개 있는데 두 개는 불이 있는 화산이고 하나는 불이 꺼진 화산이에요. 제겐 꽃 한 송이도 있어요." / "우리는 꽃은 기록하지 않아." 지리학자가 말했다.
"왜요? 제 별에서 꽃이 제일 예쁜 걸요!"
"그것들은 일시적인 존재이기 때문이야. 지리는 말이야," 지리학자가 말을 이었다. "모든 책들 중에 가장 중요한 책이거든. 우리는 영원한 것들을 기록하지."

ephemeral 일시적인   eternal 영원한

Q. 나는 지리학자인가요? 탐험가인가요?

일시적인 존재인 장미를 떠나서 후회하다

"But what does that mean - 'ephemeral'?"
"It means, 'which is in danger of speedy disappearance.'"
"Is my flower in danger of speedy disappearance?"
"Certainly it is."
"My flower is ephemeral," the little prince said to himself, "and she has only four thorns to defend herself against the world. And I have left her on my planet, all alone!"
That was his first moment of regret. But he took courage once more. "What place would you advise me to visit now?" he asked.
"The planet Earth," replied the geographer. "It has a good reputation." And the little prince went away, thinking of his flower.

disappearance 사라짐   reputation 평판

"그런데 '일시적'이라는 게 무슨 뜻이죠?"
"그것은 '빠르게 사라질 위험에 처해 있다'는 뜻이지."
"제 꽃이 순식간에 사라질 위기에 처해 있나요?" / "물론이지."
"내 꽃은 일시적인 존재야." 어린왕자가 혼잣말을 했다. "세상에 대항할 무기라곤 가시 네 개 밖에 없고. 그런데 난 꽃을 혼자 내버려두고 왔어!" / 그때 어린왕자에게 처음으로 후회가 밀려왔다. 그러나 다시 용기를 냈다. "이제 제가 어느 별을 가보는 게 좋을까요?"
"지구라는 별로 가봐." 지리학자가 대답했다. "아주 좋은 평판을 가진 별이거든." 그리하여 어린왕자는 꽃을 생각하며 다시 여행을 떠났다.

어린왕자의 최종 여행지인
일곱 번째 별 지구에서의 마지막 일주일이다.
사람을 애타게 찾아다니던 어린왕자와
불시착하여 생사의 기로에 있던 조종사,
이 특별한 어른과 아이의 만남은
황량한 사막의 한복판에서 시작된다.
그리고, 극적인 둘의 조우는
그 척박한 땅을 기적으로 적신다.

"사막이 아름다운 것은 어딘가에 우물이 숨겨져 있기 때문이야."
"사람들 속에서도 외롭긴 마찬가지야."
"길들이면 특별한 존재가 돼."
"모든 사람에게는 그들만의 별이 있어."
"가장 중요한 것은 마음으로 볼 수 있어."

밤하늘의 수천수만 개의 별들은
더 이상 의미 없는 존재가 아니다.
그 어느 하나의 별에 어린왕자가 살고 있다.
이제, 특별한 별이 되어 웃는다.
서로를 위해 쓴 시간의 공,
소모가 아닌 축적이다.

상품을 사서 쓰면 없어지지만
서로에게 쓰는 시공은 가슴에 남는다.
만나고 길들여져 서로에게 남은 추억은
무형(無形)이나 실체다.

눈에 보이지 않아도 존재하는 것이 있다.
아니, 중요한 것은 눈이 아닌
마음으로 보아야 한다.
그래야, 보인다.
그래서, 비밀이다.
찾는 사람에게만 빼꼼히 모습을 드러내는
기이한 마법이다.

PART 003
비밀

가장
중요한 것은
마음으로만
볼 수 있다

하루 10분 100일의 영어 필사

일곱 번째 별, 특별한 지구

So then the seventh planet was the Earth. The Earth is not just an ordinary planet! One can count, there, 111 kings, 7,000 geographers, 900,000 businessmen, 7,500,000 tipplers, 311,000,000 conceited men - that is to say, about 2,000,000,000 grown-ups. To give you an idea of the size of the Earth, I will tell you that before the invention of electricity it was necessary to maintain, over the whole of the six continents, a veritable army of 462,511 lamplighters for the street lamps. The movements of this army would be regulated like those of the ballet in the opera. First would come the turn of the lamplighters of New Zealand and Australia. Having set their lamps alight, these would go off to sleep. Next, the lamplighters of China and Siberia would enter for their steps in the dance, and then they too would be waved back into the wings...

ordinary 평범한   electricity 전기   veritable 실제의   regulate 규제하다   alight 불붙은

그다음 일곱 번째 별은 지구였다. 지구는 그저 그런 평범한 별이 아니었다! 그곳에는 111명의 왕, 7,000명의 지리학자, 900,000명의 사업가, 7,500,000명의 술꾼, 311,000,000명의 허영심 많은 사람들, 즉 약 20억쯤 되는 어른들이 살고 있다. 지구가 얼마나 큰지 가늠해보자면 전기가 발명되기 전까지는 여섯 대륙을 통틀어 462,511명이나 되는 가로등 켜는 사람을 둘 필요가 있었다. 그 점등인들이 무리지어 움직이는 모습은 오페라의 발레단처럼 질서정연했다. 처음에는 뉴질랜드와 호주의 점등인들 차례다. 이들은 등불을 켜고 잠자리에 든다. 그러면 다음에 중국과 시베리아의 점등인들이 춤을 추며 무대로 입장한 후, 손을 흔들며 사라진다….

바오밥 나무처럼 자신이 중요하다고
생각하는 어른들

Men occupy a very small place upon the Earth. If the two billion inhabitants who people its surface were all to stand upright and somewhat crowded together, as they do for some big public assembly, they could easily be put into one public square twenty miles long and twenty miles wide. All humanity could be piled up on a small Pacific islet. The grown-ups, to be sure, will not believe you when you tell them that. They imagine that they fill a great deal of space. They fancy themselves as important as the baobabs.

인간은 지구상에서 아주 작은 자리만을 차지한다. 지구상에 거주하는 20억 명의 주민이 대규모 집회에서처럼 모두 바짝 붙어 서 있으면 가로 20마일, 세로 20마일의 광장으로 충분할 수 있다. 모든 인류는 작은 태평양의 섬에 차곡차곡 쌓아 놓을 수 있다. 당연히 어른들은 이런 말을 믿지 않을 것이다. 그들은 자신이 많은 자리를 차지하고 있다고 생각한다. 자신이 바오밥 나무처럼 중요하다고 생각한다.

inhabitant 거주민   people ~를 가득 채우다   upright 꼿꼿한   public assembly 집회
public square 광장   humanity 인류   Pacific islet 태평양 작은 섬   fancy ~라고 믿다

Q. 광활한 우주의 미미한 존재인 인간으로서
　　나는 상대에게 어떤 사람으로 기억되고 싶나요?

Day 70

사람들 속에서도 외롭긴 마찬가지야

When the little prince arrived on Earth, he was very much surprised not to see any people.

"Good evening," said a snake.

"What planet is this on which I have come down?" asked the little prince.

"This is the Earth; this is the desert. There are no people in the desert. The Earth is large," said the snake.

"Where are the men?" the little prince at last took up the conversation again.

"It is a little lonely in the desert..."

"It is also lonely among men," the snake said.

The little prince gaze at him for a long time.

어린왕자가 지구에 도착했을 때, 아무도 보이지 않아 깜짝 놀랐다.
"안녕." 뱀이 인사했다.
"대체 난 어느 별에 온 거지?" 어린왕자가 물었다.
"이곳은 지구야. 여긴 사막이고. 사막엔 사람이 없어. 지구는 큰 별이야." 뱀이 말했다.
"사람은 어디 있어?" 마침내 어린왕자는 대화를 다시 시작했다.
"사막은 좀 외로운 것 같아…."
"사람들 속에서도 외롭긴 마찬가지인걸." 뱀이 말했다.
어린왕자는 오랫동안 뱀을 바라봤다.

 **노랑 다윗의 별** 삼각형과 역삼각형이 포개진 노란 별의 중앙에 'Jude(유대인)'이 새겨져 있는 마크로, 나치가 유대인을 탄압할 때 이용하기 시작했던 배지다. 노란색 다윗의 별은 유대인들을 구분하는 표식이었으며 이를 통해 집단 학살이 자행되었다. 뱀의 노란색은 제2차 세계대전 당시 나치가 유대인에게 부여한 소외의 색이다. 사람들 속에서도 외롭긴 마찬가지라는 뱀의 대사가 사뭇 의미심장하게 들린다. 흥미롭게도 어린왕자가 지구에서 처음 만나는 생명체도, 지구에서의 마지막을 안내하는 것도 뱀이다.

난 왕의 손가락보다 더 힘이 세지

"You are a funny animal," he said at last. "You are no thicker than a finger..."
"But I am more powerful than the finger of a king," said the snake.
The little prince smiled. "You are not very powerful. You haven't even any feet. You cannot even travel..."
"I can carry you farther than any ship could take you," said the snake. He twined himself around the little prince's ankle, like a golden bracelet.
"Whomever I touch, I send back to the earth from whence he came," the snake spoke again. "But you are innocent and true, and you come from a star..."

"넌 재미있게 생긴 동물이구나." 마침내 어린왕자가 말했다. "손가락만큼 가늘고…."
"하지만 난 왕의 손가락보다 더 힘이 세지." 뱀이 말했다.
어린왕자가 미소 지으며 말했다. "넌 그렇게 힘이 세어 보이지 않는걸. 발도 없잖아. 여행도 못하고…."
"난 배보다 널 더 먼 곳으로 데려다줄 수 있는 걸." 뱀이 말했다. 그는 어린왕자의 발목 둘레에 금팔찌처럼 자기 몸을 휘감으며 말했다.
"내가 건드리기만 하면 누구든 자기가 왔던 곳으로 되돌아가지." 뱀이 다시 말했다. "하지만 넌 순진하고 진실하며 또 다른 별에서 왔으니…."

twine 휘감다   bracelet 팔찌   whence (옛말) ~한 곳에서(=from where)   innocent 순진한

 **노란 코브라** 노랗고 독성 강한 코브라는 이집트 코브라와 케이프 코브라를 합성하여 탄생된 상상의 뱀이다. 생떽쥐페리가 1935년 사막에 불시착하여 가까스로 구조된 후, 사막에서 본 코브라에 태양, 신성, 지혜의 상징인 노란색을 입혀 만든 것이라 추정한다. 작가는 선악과를 따먹게 한 악의 화신이 아니라 영혼을 환생시키는 수호신으로서 뱀을 재탄생시킨다. 어디든 데려다줄 수 있다는 말을 통해, 결국 어린왕자가 뱀을 통해 자신의 별로 돌아가게 된다는 복선이 깔린다.

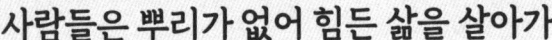

사람들은 뿌리가 없어 힘든 삶을 살아가

The little prince crossed the desert and met with only one flower. It was a flower with three petals, a flower of no account at all.

"Where are the men?" the little prince asked, politely. The flower had once seen a caravan passing.

"Men?" she echoed. "I think there are six or seven of them in existence. I saw them, several years ago. But one never knows where to find them. The wind blows them away. They have no roots, and that makes their life very difficult."

어린왕자는 사막을 건너며 꽃 한 송이밖에 만나지 못했다. 꽃잎이 세 장인 볼품없는 꽃이었다.
"사람들은 어디에 있어?" 어린왕자가 정중하게 물었다. 꽃은 한때 대상(상인들의 무리)이 지나가는 것을 본 적이 있었다.
"사람들?" 꽃이 답했다. "예닐곱 명 정도 있는 것 같아. 몇 년 전에 본 적이 있어. 하지만 어디에서 찾을 수 있는지는 모르겠어. 그들은 바람에 날려버리거든. 뿌리가 없어 몹시 힘든 삶을 겪게 되지."

of no account 중요하지 않은   petal 꽃잎   caravan 사막을 건너는 대상(隊商)

Q. 뿌리가 없어 바람에 날리는 삶을 살지 않기 위해 필요한 것은 무엇인가요?

대상 낙타나 말 등에 짐을 싣고 다니며 특산물을 팔고 사는 상인의 집단을 대상(카라반)이라고 불렀다. 동서 교역에 큰 역할을 하였고 사막길, 초원길, 비단길 등을 이용하였으며, 원나라 때 매우 성행하였다.

Day 73

높은 산에서 보면 사람들을 볼 수 있을 거야

After that, the little prince climbed a high mountain. The only mountains he had ever known were the three volcanoes, which came up to his knees. And he used the extinct volcano as a footstool. "From a mountain as high as this one," he said to himself, "I shall be able to see the whole planet at one glance, and all the people..."
But he saw nothing, save peaks of rock that were sharpened like needles.

그 후 어린왕자는 높은 산을 올랐다. 그가 아는 산이라고는 자기 무릎 정도 높이의 화산 세 개가 고작이었다. 불 꺼진 화산은 발판으로 사용했다. "이 산처럼 높은 산에서는 이 별 전체를 한눈에 볼 수 있을 거야. 그리고 사람들도…." 그는 혼잣말을 했다.
그러나 바늘처럼 뾰족한 바위 봉우리만 보일 뿐이었다.

footstool 발판   at one glance 한눈에   save ~을 제외하고   peak 봉우리

Q. 언제 사람이 그리운가요?
　 외로움을 느낄 때는 어떻게 하나요?

Day 74

어린왕자의 말을 따라하는 메아리

"Good morning," he said courteously.
"Good morning - Good morning - Good morning," answered the echo.
"Be my friends. I am all alone," he said.
"I am all alone - all alone - all alone," answered the echo.
"What a queer planet!" he thought. "It is altogether dry, and altogether pointed, and altogether harsh and forbidding. And the people have no imagination. They repeat whatever one says to them... On my planet I had a flower; she always was the first to speak..."

"안녕." 어린왕자는 정중히 말했다.
"안녕… 안녕… 안녕." 메아리가 대답했다.
"내 친구가 되어줘. 난 너무 외로워." 그가 말했다.
"난 너무 외로워… 너무 외로워… 너무 외로워." 메아리가 대답했다.
"참 기이한 별이군!" 그는 생각했다. "완전히 메마르고 뾰족해서 너무 험하고 위협적이야. 게다가 사람들이 상상력이 없어. 남의 말을 되풀이만 하고…. 내 별에는 꽃이 있었지. 항상 먼저 말을 걸어왔는데…."

courteously 공손하게   altogether 완전히   pointed 뾰족한   forbidding 위협적인

Q. 따라해서라도 꼭 가지고 싶은 습관이나 목표가 있나요?

'따라쟁이'의 영어 표현
copycat, immitator, me-tooer, me-tooist, follower, mimicker, parrot

수많은 장미꽃의 존재에 슬픔을 느끼다

But it happened that after walking for a long time through sand, and rocks, and snow, the little prince at last came upon a road. He was standing before a garden, all abloom with roses. The little prince gazed at them. They all looked like his flower.

"Who are you?" he demanded, thunderstruck.

"We are roses," the roses said. And he was overcome with sadness. His flower had told him that she was the only one of her kind in all the universe. And here were five thousand of them, all alike, in one single garden!

모래와 바위와 눈 속을 한참 걸어간 끝에 드디어 어린왕자는 길을 발견했다. 그는 장미가 만발한 정원 앞에 서게 되었다. 어린왕자는 장미들을 바라보았다. 모두 그의 꽃과 쏙 빼닮았다.
"너희들은 누구니?" 어린왕자는 충격을 받은 채 물었다.
"우리는 장미꽃이야." 장미꽃들이 말했다. 어린왕자는 슬픔에 휩싸였다. 꽃은 이 세상에 자기와 같은 꽃은 없다고 말했었다. 그런데 여기 하나의 정원에 똑같은 꽃이 5,000송이나 되는 게 아닌가!

abloom 꽃이 핀   be overcome with ~에 압도당하다

Q. 의심 없이 믿었던 진실이 거짓임을 알고 충격을 받았던 경험이 있나요?
선의의 거짓말(white lie)은 필요한가요?

Day 76

평범한 왕자가 된 슬픔

"She would be very much annoyed," he said to himself, "if she should see that... She would cough most dreadfully, and she would pretend that she was dying, to avoid being laughed at. And I should be obliged to pretend that I was nursing her back to life - for if I did not do that, to humble myself also, she would really allow herself to die..." Then he went on with his reflections: "I thought that I was rich, with a flower that was unique in all the world; and all I had was a common rose. A common rose, and three volcanoes that come up to my knees - and one of them perhaps extinct forever... That doesn't make me a very great prince..."

And he lay down in the grass and cried.

annoyed 짜증난 dreadfully 끔찍하게 be obliged to 하는 수 없이 ~하다 reflection 반추

"내 꽃이 이걸 보면 무척이나 상심할거야." 어린왕자는 혼잣말을 했다. "심하게 콜록이며 비웃음을 당할까 봐 죽는 시늉을 하겠지. 그러면 나는 꽃을 간호해주는 척해야지. 안 그러면 나에게 죄책감을 주려고 정말로 죽어버릴지도 몰라…." 그리고 그는 이렇게 생각했다. "이 세상에 오직 하나뿐인 꽃을 가진 부자라고 생각했는데 내가 가진 꽃은 그저 평범한 한 송이의 장미일 뿐이었어. 흔한 장미 한 송이, 그리고 내 무릎에 닿는 화산 세 개, 그리고 그 중 하나는 아마 영원히 꺼져버렸는지도 모르고… 그러니 난 그리 대단한 왕자가 될 수 없는 거고…." 그래서 그는 풀숲에 엎드려 울었다.

Day 77

여우와의 만남

It was then that the fox appeared. "Good morning," said the fox.

"Good morning," the little prince responded politely, although when he turned around he saw nothing.

"I am right here," the voice said, "under the apple tree."

"Who are you?" asked the little prince, and added, "You are very pretty to look at."

"I am a fox," the fox said.

"Come and play with me," proposed the little prince. "I am so unhappy."

"I cannot play with you," the fox said. "I am not tamed."

여우가 나타난 건 바로 그때였다. "안녕." 여우가 말했다.
"안녕." 어린왕자는 공손히 대답하고 뒤를 돌아보았지만 아무것도 보이지 않았다.
"나는 바로 사과나무 아래에 있어." 좀 전의 그 목소리가 말했다.
"넌 누구야?" 어린왕자가 물으며 한마디 덧붙였다. "넌 참 예쁘구나."
"난 여우야." 여우가 말했다.
"이리 와서 나랑 놀자." 어린왕자가 제안했다. "난 너무 슬프단다."
"난 너랑 놀 수 없어." 여우가 말했다. "길들여지지 않았거든."

appear 나타나다   propose 제안하다

 **사막여우** 북아프리카 사막 지역에 서식하며, 낮은 체온을 유지하기 위한 작은 체구와 열 배출을 위한 널찍한 귀가 특징이다. 《어린왕자》 외에 생떽쥐페리의 다른 작품에도 등장하는 종이다. 어린왕자에게 '길들이기'를 가르쳐주는 지혜로운 동물이지만 실제로는 보기와 다르게 사납고 길들이기 어려운 동물이다. 사막여우를 한국의 동물원에서도 볼 수 있는 이유는 기온이 영하까지 떨어지는 사막의 일교차에 적응되어 한국의 겨울을 날 수 있기 때문이다.

Day 78

길들임은 서로에게 오직 하나밖에 없는 존재가 되는 것

"What does that mean - 'tame'?"

"It is an act too often neglected," said the fox. "'Tame' means to establish ties. To me, you are still nothing more than a little boy who is just like a hundred thousand other little boys. And I have no need of you. And you, on your part, have no need of me. To you, I am nothing more than a fox like a hundred thousand other foxes. But if you tame me, then we shall need each other. To me, you will be unique in all the world. To you, I shall be unique in all the world..."

"There is a flower... I think that she has tamed me..."

"길들인다는 게 무슨 뜻이야?"
"그건 사람들이 너무 소홀하게 생각해버리는 것이지." 여우가 말했다. "길들인다는 것은 관계를 맺는다는 뜻이야. 나에게 넌 아직은 수많은 다른 소년들과 다를 바 없는 한 명의 소년일 뿐이야. 그래서 난 널 필요로 하지 않고, 너도 날 필요로 하지 않아. 너에게 난 수많은 다른 여우들과 똑같은 한 마리의 여우에 지나지 않지. 하지만 네가 나를 길들인다면 우리는 서로를 필요로 하게 될 거야. 넌 나에게, 난 너에게 이 세상에 오직 하나밖에 없는 존재가 되는 거야…."
"꽃 한 송이가 있는데… 그 꽃이 날 길들인 것 같아…."

tame 길들이다   establish 정립하다, 세우다   unique 유일한

Q. 새로운 세계로의 접속, '우리'의 탄생은 왜 중요한가요?

길들임은 삶을 환하게 해준다

"If you tame me, it will be as if the sun came to shine on my life. I shall know the sound of a step that will be different from all the others. Other steps send me hurrying back underneath the ground. Yours will call me, like music, out of my burrow. And then look: you see the grain-fields down yonder? I do not eat bread. Wheat is of no use to me. The wheat fields have nothing to say to me. And that is sad. But you have hair that is the color of gold. Think how wonderful that will be when you have tamed me! The grain, which is also golden, will bring me back the thought of you. And I shall love to listen to the wind in the wheat."

"네가 날 길들인다면 내 삶은 태양이 환히 비추는 것처럼 밝아질 거야. 나는 모든 발자국 소리와 다른 발자국 소리를 구분하여 알게 될 거야. 다른 발자국 소리는 나를 재빨리 땅 밑으로 들어가게 만들 테지만 너의 발자국 소리는 마치 음악처럼 나를 땅굴 밖으로 나오게 불러내겠지. 그리고 저길 봐. 저기 밀밭이 보이니? 난 빵을 먹지 않아. 밀은 내게 아무 쓸모가 없어. 밀밭은 나에게 아무것도 생각나게 하지 않아. 그건 슬픈 일이지. 하지만 네 머리카락은 금빛이야. 그러니 네가 날 길들인다면 정말 멋질 거야! 밀은 금빛이니까 밀을 보면 너를 생각하게 될 거야. 그리고 난 밀밭 사이를 지나는 바람 소리를 사랑하게 될 거야."

burrow 굴   yonder 저기 보이는   wheat 밀

Q. 길들여진 관계를 떠올리게 하는 물건, 소리, 장면이 있나요?

Day 80

사람들이 친구가 없는 이유: 우정은 살 수 없기 때문

"One only understands the things that one tames. Men have no more time to understand anything. They buy things all ready made at the shops. But there is no shop anywhere where one can buy friendship, and so men have no friends any more. If you want a friend, tame me..."

"What must I do, to tame you?" asked the little prince.

"You must be very patient. First you will sit down at a little distance from me like that - in the grass. I shall look at you out of the corner of my eye, and you will say nothing. Words are the source of misunderstandings. But you will sit a little closer to me, every day..."

"우리는 길들이는 것만 알게 된단다. 사람들은 시간이 없어서 어떤 것도 알려고 하지 않아. 그들은 상점에서 이미 만들어진 것을 사거든. 그런데 우정을 살 수 있는 상점은 어디에도 없기 때문에 사람들은 이제 친구가 없는 거야. 친구를 원한다면 날 길들여줘…"

"너를 길들이려면 어떻게 해야 하지?" 어린왕자가 물었다.

"많이 참아야 해. 우선 나와 조금 떨어져서 풀밭에 앉아 있어. 내가 널 곁눈질로 바라볼 테니 너는 아무 말도 하지 말아. 말은 오해의 근원이거든. 그래도 날마다 넌 조금씩 더 가까이 다가앉게 될 거야…"

patient 인내심 있는   source 근원   misunderstanding 오해

Q. 서로에게 길들여지는 과정을 방해하는 것은 무엇일까요?

Day 81

너를 만나는 시간이 4시라면
난 3시부터 행복할 거야

The next day the little prince came back. "It would have been better to come back at the same hour," said the fox. "If, for example, you come at four o'clock in the afternoon, then at three o'clock I shall begin to be happy. I shall feel happier and happier as the hour advances. At four o'clock, I shall already be worrying and jumping about. I shall show you how happy I am! But if you come at just any time, I shall never know at what hour my heart is to be ready to greet you."

● 부록 참조 (234~235p)

다음 날 어린왕자는 다시 거기로 갔다.
"같은 시간에 오는 게 더 나았을 텐데." 여우가 말했다. "가령 네가 오후 4시에 온다면 난 3시부터 행복해지기 시작할 거야. 4시가 가까워올수록 나는 점점 더 행복해지겠지. 4시에는 흥분해서 안절부절 못할걸. 넌 내가 얼마나 행복한지 볼 수 있을 거야! 하지만 네가 아무 때나 오면 그럴 수 없어. 몇 시에 널 맞이하기 위해 마음을 준비해야 할지 모르기 때문이야."

advance 나아가다

Q. 누구를 만날 때 가장 행복한가요?

서로의 의미: 슬퍼도 감수할 수 있는 이유

So the little prince tamed the fox. And when the hour of his departure drew near – "Ah," said the fox, "I shall cry."

"I never wished you any sort of harm; but you wanted me to tame you... It has done you no good at all!"

"It has done me good," said the fox, "because of the color of the wheat fields." And then he added: "Go and look again at the roses. You will understand now that yours is unique in all the world. Then come back to say goodbye to me, and I will make you a present of a secret."

이리하여 어린왕자는 여우를 길들였다. 그리고 이별의 시간이 가까워졌을 때 여우가 말했다. "아, 나는 울 것 같아."
"난 너의 마음을 아프게 할 생각이 없었는데 내가 널 길들여주길 원했잖아…. 길들이기가 너에게 좋은 게 전혀 없잖아!"
"좋은 게 있어. 밀밭의 색깔 덕분에 그래." 여우가 말했다. 그리고는 말을 이어갔다. "장미꽃들을 가서 다시 봐. 이 세상에 너의 장미꽃이 오직 하나뿐이란 걸 알게 될 거야. 그리고 돌아와서 작별인사를 해줘. 내가 너에게 한 가지 비밀을 선물해줄게."

harm 손해   do + 목적어 + good 목적어에게 이득을 주다

Q. 슬퍼도 작별할 수 있는 이유는 무엇인가요?

길들이면 특별한 존재가 돼

The little prince went away, to look again at the roses. "As yet you are nothing. No one has tamed you, and you have tamed no one. You are like my fox when I first knew him. He was only a fox like a hundred thousand other foxes. But I have made him my friend, and now he is unique in all the world. You are beautiful, but you are empty. One could not die for you. In herself alone my rose is more important than all the hundreds of you other roses: because it is she that I have watered; because it is she that I have put under the glass globe; because it is she that I have sheltered behind the screen; because it is she that I have listened to, when she grumbled, or boasted, or even sometimes when she said nothing. Because she is my rose."

● 부록 참조 (235p)

grumble 불평하다   boast 자랑하다

어린왕자는 장미꽃을 다시 보러 갔다. "아직 너희들은 아무것도 아니야. 아무도 너희를 길들이지 않았고, 너희 역시 아무도 길들이지 않았어. 너희들은 내가 여우를 처음 보았을 때와 같아. 그는 수많은 다른 여우들과 똑같은 여우 한 마리에 지나지 않았지. 그런데 내가 그 여우를 나의 친구로 만들었어. 그리고 이제 그는 이 세상에서 오직 하나뿐인 여우가 되었어. 너희들은 아름답지만 텅 비어 있어. 너희를 위해 죽을 수 있는 사람이 없잖아. 내 장미꽃은 그 자체만으로 너희들 모두보다 훨씬 더 중요해. 내가 물을 주었기 때문이야. 내가 유리 덮개를 씌워준 것도 바람막이로 보호해준 것도 바로 그 꽃이야. 꽃이 투덜거릴 때나 뽐낼 때, 심지어 가끔 말없이 침묵할 때도 내가 다 들어주었으니까. 내 꽃이니까 그런 거야."

가장 중요한 것은 눈에 보이지 않아

And he went back to meet the fox. "Goodbye," he said. "Goodbye," said the fox. "And now here is my secret, a very simple secret: It is only with the heart that one can see rightly; what is essential is invisible to the eye." "What is essential is invisible to the eye," the little prince repeated, so that he would be sure to remember. "It is the time you have wasted for your rose that makes your rose so important. You become responsible, forever, for what you have tamed. You are responsible for your rose..."

그리고 어린왕자는 여우를 만나러 돌아갔다. "잘 있어." 어린왕자가 말했다.
"잘 가." 여우가 말했다. "내 비밀은 이런 거야. 아주 단순하지. 오직 마음으로만 보아야 잘 보인다는 거야. 가장 중요한 것은 눈에 보이지 않거든."
"가장 중요한 것은 눈에 보이지 않는다." 어린왕자는 잘 기억하기 위해 되뇌었다.
"너의 장미가 그토록 소중하게 된 것은 네가 그 꽃을 위해 쓴 시간 때문이야. 넌 네가 길들인 것에 대해 언제까지나 책임이 있어. 너는 네 장미꽃에 책임이 있는 거지…."

essential 중요한   invisible 눈에 보이지 않는

Q. 눈이 아닌 마음으로만 볼 수 있는 것은 무엇인가요?

사람들은 무엇을 찾는지도 모른 채 분주할 뿐이야

"Good morning," said the railway switchman.

"What do you do here?" the little prince asked.

"I sort out travelers, in bundles of a thousand," said the switchman. "I send off the trains that carry them: now to the right, now to the left."

And a brilliantly lighted express train shook the switchman's cabin as it rushed by with a roar like thunder.

"They are in a great hurry," said the little prince. "What are they looking for?"

"Not even the locomotive engineer knows that," said the switchman.

"안녕." 철도 전철수가 말했다.
"여기서 뭐해요?" 어린왕자가 물었다.
"나는 여행자들을 천 명 단위로 나누고 있어." 전철수가 말했다. "사람들을 실은 기차를 내보내지. 오른쪽으로 혹은 왼쪽으로 보내는 거야."
불을 환히 밝힌 급행열차 한 대가 지나가며 천둥같은 소리로 관제실을 뒤흔들었다.
"저들은 매우 바쁜가 봐요." 어린왕자가 말했다. "뭘 찾고 있는 걸까요?"
"기관사도 잘 모를 거야." 전철수가 말했다.

switchman 전철수   cabin 관제실   thunder 천둥   locomotive engineer 기관사

Q. 나의 인생은 요즘 무엇으로 바쁘나요?

잠들거나 조는 어른과 달리
아이들만이 자신이 무엇을 찾는지 안다

"They are pursuing nothing at all," said the switchman. "They are asleep in there, or if they are not asleep they are yawning. Only the children are flattening their noses against the windowpanes."

"Only the children know what they are looking for," said the little prince. "They waste their time over a rag doll and it becomes very important to them; and if anybody takes it away from them, they cry…"

"They are lucky," the switchman said.

● 부록 참조 (235~236p)

"사람들은 좇는 게 아무 것도 없어." 전철수가 말했다. "기차 안에서 잠들어 있거나 아니면 하품을 하고 있지. 오직 아이들만 유리창에 코를 납작하게 붙이고 있을 뿐이야."
"어린아이들만이 자신이 무엇을 찾고 있는지 알고 있죠." 어린왕자가 말했다. "그들은 헝겊 인형에 시간을 많이 들이고 인형은 그들에게 아주 중요한 것이 돼요. 그래서 누군가 그것을 빼앗아가면 아이들은 울지요…"
"다행이네." 전철수가 말했다.

pursue 추구하다   flatten 납작하게 하다   windowpane 창유리   rag doll 헝겊 인형

Q. 인생 열차에서 내가 찾고 있는 것은 무엇인가요?
　　아직 찾지 못했다면, 어떻게 해야 할까요?

Day 87

갈증을 없애는 약 대신
물 마시러 샘으로 걸어갈 거야

"Good morning," said the little prince.

"Good morning," said the merchant. This was a merchant who sold pills that had been invented to quench thirst. You need only swallow one pill a week, and you would feel no need of anything to drink.

"With these pills, you save fifty-three minutes in every week."

"What do I do with those fifty-three minutes?"

"Anything you like…"

"As for me," said the little prince to himself, "if I had fifty-three minutes to spend as I liked, I should walk at my leisure toward a spring of fresh water."

"안녕하세요." 어린왕자가 말했다.
"안녕." 상인이 말했다. 갈증을 해소하기 위해 발명된 알약을 파는 사람이었다. 일주일에 딱 한 알씩 먹으면 마시고 싶은 욕구가 없어지는 약이었다.
"이 약을 먹으면 일주일에 53분을 절약할 수 있어." / "그 53분으로 뭘하죠?"
"하고 싶은 걸 하지." / "나 같으면 원하는 대로 사용할 수 있는 53분으로 천천히 신선한 물이 있는 샘을 향해 걸어갈 텐데…" 하고 어린왕자는 마음속으로 생각했다.

merchant 상인   pill 알약   quench 해소하다   thirst 갈증   spring 샘

Q. 시간에 쫓겨 사는 시간 소비자가 아니라 시간을 충분히 음미하는
시간 생산자가 되려면 어떻게 해야 할까요?

Day 88

비행기 고장 8일 째,
사막에서 물을 찾으러 떠나다

It was now the eighth day since I had had my accident in the desert, and I was drinking the last drop of my water supply. "I am about to die of thirst..."

"I am thirsty, too. Let us look for a well..." the little prince replied. I made a gesture of weariness. It is absurd to look for a well, at random, in the immensity of the desert. But nevertheless we started walking. "Then you are thirsty, too?" I demanded. He merely said to me:

"Water may also be good for that heart..."

이제 사막에서 사고를 당한 지 8일째 되는 날이었다. 비축해둔 물을 마지막 한 방울까지 마시며 상인에 대한 이야기를 들었다. "목이 말라 죽을 거 같아…."
"나도 목이 말라. 우물을 찾으러 가자…." 어린왕자가 대답했다. 나는 소용없다는 듯 피곤한 몸짓을 했다. 광활한 사막에서 무턱대고 우물을 찾아 나선다는 것은 터무니없는 일이다. 그런데도 불구하고 우리는 걷기 시작했다. "그럼 너도 목이 마르다고 했지?" 내가 물었다. 하지만 그는 그저 이렇게만 말했다.
"물은 마음에도 좋은 것일 수 있지…."

weariness 피곤   at random 무작위로   immensity 방대함   nevertheless 그럼에도 불구하고

○ 우물은 생명이다. 아프리카 수단의 한 소년은 가족이 마실 물을 긷기 위해 이른 아침부터 뜨겁게 작열하는 태양에 맞서 매일 여덟 시간을 걷는다. 부족 전쟁으로 가족과 생이별을 하고, 사막을 가로질러 난민 포로수용소를 전전하다가 결국 미국까지 건너가는 기구한 삶을 산다. "날 수 없으면 달려라. 달릴 수 없으면 걸어라. 걸을 수 없으면 기어라 (마틴 루터킹)"의 정신으로 어려운 환경 속에서 '수단을 위한 물' 재단을 만들고 부족을 가리지 않고 남부 수단에 43곳의 우물을 팠다. 살바 두트의 실화를 바탕으로 한 소설 《a long walk to water》이다. 우물은 삶과 관계를 잇게 하는 생명이며 화해이고 화합이다.

사막이 아름다운 것은
어딘가에 우물이 숨겨져 있기 때문이야

He was tired. He sat down. I sat down beside him. And, after a little silence, he spoke again: "The stars are beautiful, because of a flower that cannot be seen. The desert is beautiful. What makes the desert beautiful is that somewhere it hides a well," I was astonished by a sudden understanding of that mysterious radiation of the sands. When I was a little boy I lived in an old house, and legend told us that a treasure was buried there. To be sure, no one had ever known how to find it; perhaps no one had ever even looked for it. But it cast an enchantment over that house. My home was hiding a secret in the depth of its heart. The house, the stars, the desert - what gives them their beauty is something that is invisible.

silence 침묵   astonished 깜짝 놀란   radiation 발산, 내뿜음   enchantment 황홀감

어린왕자는 피곤해서 털썩 주저앉았다. 나도 그 옆에 앉았다. 잠깐의 침묵을 깨고 어린왕자가 말했다. "별들이 아름다운 건 내가 꽃(장미)을 볼 수 없기 때문이야. 사막이 아름다운 것은 어딘가에 우물이 숨겨져 있기 때문이고." 나는 사막의 모래가 신비로운 광채를 뿜는 이유를 순간적으로 깨닫고 깜짝 놀랐다. 어렸을 적 오래된 집에서 살았는데 그곳에 보물이 숨겨져 있다는 전설이 있었다. 확실한 것은 누구도 어떻게 보물을 찾는지 몰랐다는 것이다. 아무도 찾으려는 노력조차 하지 않았을 것이다. 그러나 그 전설로 인해 집은 신비감이 돌았다. 그 집은 마음 깊은 곳에 비밀을 숨기고 있었다. 집, 별, 사막, 모두가 아름다운 이유는 보이지 않는 무엇 때문이다.

Day 90

잠에서 깨어나 노래하는 우물

As I walked on so, I found the well, at daybreak. The well that we had come to was not like the wells of the Sahara, which are mere holes dug in the sand. This one was like a well in a village. But there was no village here, and I thought I must be dreaming...

"It is strange," I said to the little prince. "Everything is ready for use: the pulley, the bucket, the rope..."

He laughed, touched the rope, and set the pulley to working. And the pulley moaned, like an old weathervane which the wind had long since forgotten.

"Do you hear?" said little prince. "We have wakened the well, and it is singing..."

그렇게 계속 걸어가다가 동틀 무렵 나는 우물 하나를 발견했다. 우리가 찾은 우물은 모래에 구멍을 파놓은 듯한 사하라 사막의 여느 우물과 달랐다. 그 우물은 마을의 우물과 같았다. 하지만 이곳에는 마을이라곤 없었다. 내가 꿈을 꾸고 있는 게 아닌가 생각했다….

"이상하군." 나는 어린왕자에게 말했다. "모든 게 갖추어져 있다니. 도르래, 두레박, 밧줄…."

어린왕자는 웃으며 줄을 잡고 도르래를 잡아 당겼다. 그러자 도르래는 바람이 오랫동안 잠자코 놔두었던 낡은 풍향계처럼 삐그덕거렸다. "들리지?" 어린왕자가 말했다. "우리가 우물을 깨웠더니 노래를 하잖아…."

daybreak 새벽   pulley 도르래   bucket 양동이, 두레박   moan 신음하다
weathervane 풍향계   waken 깨우다

○ 힘든 인생의 여정을 통과하던 두 사람은 결국 사막에서 우물을 발견했다. 어린왕자가 확신한 희망이 있었기에 가능했다. 샘물을 발견하듯 하나씩 의미를 발견해가는 것이 삶이다. 언젠가 맞이하게 될 기쁨을 생각하며 인생길에 힘을 낼 수 있다.

Day 91

수고로 길어진 이 물을 마시고 싶어

I hoisted the bucket slowly to the edge of the well and set it there - happy, tired as I was, over my achievement. "I am thirsty for this water," said the little prince. "Give me some of it to drink…"
And I understood what he had been looking for. This water was indeed a different thing from ordinary nourishment. Its sweetness was born of the walk under the stars, the song of the pulley, the effort of my arms. It was good for the heart, like a present.

나는 천천히 두레박을 우물 둘레의 돌까지 끌어올려서 떨어지지 않게 똑바로 놓았다. 힘들긴 했지만 두레박을 들어올린 성취감에 행복했다. "이 물을 마시고 싶어." 어린왕자가 말했다. "물 좀 줘…."
그제야 나는 그가 무엇을 찾고 있었는지 깨달았다. 이 물은 보통 음료와는 정말 달랐다. 물이 달콤한 것은 별빛 아래에서의 걷기와 도르래의 노랫소리, 내 두 팔의 노력으로 태어난 것이었다. 그것은 선물을 받을 때처럼 마음을 흐뭇하게 했다.

hoist 끌어올리다   achievement 성취   nourishment 영양분   sweetness 달콤함

Q. 땀과 정성이 들어간 마음의 선물, 기억나는 것이 있다면 무엇인가요?

Day 92
내일이면 지구에 온 지 1년 째 되는 날이야

"You must keep your promise," said the little prince, softly, as he sat down beside me once more.

"What promise?"

"You know - a muzzle for my sheep... I am responsible for this flower..."

So then I made a pencil sketch of a muzzle. And as I gave it to him my heart was torn. "You know - my descent to the earth... Tomorrow will be my anniversary."

Then, after a silence, he went on: "I came down very near here."

And he flushed.

● 부록 참조 (236p)

"약속은 꼭 지켜야 해." 어린왕자가 다시 한 번 내 옆에 앉으며 살며시 말했다.
"무슨 약속?"
"있잖아, 내 양에게 입마개 씌워주는 거…. 난 이 꽃에 책임이 있잖아….""
그래서 나는 연필로 입마개를 그려주었다. 그런데 그것을 건네주면서 가슴이 미어졌다.
"있잖아, 내가 지구로 내려온 지… 내일이면 1년이야."
그러고서 잠시 침묵이 흐른 후 계속 말을 이어갔다. "바로 이 근처에 떨어졌었어."
그리고 어린왕자는 얼굴을 붉혔다.

muzzle 입마개   descent 하강, 내려오기   anniversary 기념일   flush 얼굴을 붉히다

Q. 인생에 가장 의미 있는 기념일은 언제인가요?

Day 93
누군가에게 길들여지면 울게 될 위험이 있다!

"Then, it was not by chance that on the morning when I first met you - a week ago - you were strolling along like that, all alone, a thousand miles from any inhabited region? You were on your way back to the place where you landed?"

The little prince flushed again. He never answered questions.

"Ah," I said to him, "I am a little frightened..."

But he interrupted me. "Now you must work. You must return to your engine. I will be waiting for you here. Come back tomorrow evening."

I remembered the fox. One runs the risk of weeping a little, if one lets himself be tamed!

"그럼 일주일 전 내가 너를 처음 만났던 아침, 사람 사는 곳에서 수천 마일 떨어진 곳을 혼자서 그렇게 걷고 있었던 것이 우연이 아니었구나? 떨어진 곳으로 돌아가고 있던 중이었어?"
어린왕자는 또다시 얼굴을 붉혔다. 질문에 대답하는 일이 없다.
"아," 내가 말했다. "난 좀 두렵네…." 그런데 그가 나의 말을 막아섰다. "아저씨는 이제 일을 해야 해. 돌아가서 엔진 고쳐야지. 난 여기서 기다리고 있을게. 내일 저녁에 다시 와."
나는 여우가 생각났다. 누군가에게 길들여지게 되면 좀 울게 될 위험이 있는 것이다!

stroll 걷다   interrupt 방해하다   weep 흐느끼다

Q. 이별로 인해 눈물 지었던 기억이 있나요?
길들여짐의 몫을 감당하는 슬픔에 대해서 어떻게 생각하나요?

Day 94

스스로 노란 뱀에게 물린 왕자

When I came back from my work, the next evening, I saw from some distance away my little prince sitting on top of the ruin of an old stone wall beside the well, with his feet dangling. I dropped my eyes, then to the foot of the wall – and I leaped into the air. There before me, facing the little prince, was one of those yellow snakes that take just thirty seconds to bring your life to an end. I reached the wall just in time to catch my little man in my arms; his face was white as snow.

● 부록 참조 (236~237p)

이튿날 저녁 일을 마치고 돌아왔을 때 어린왕자가 우물 옆 폐허가 된 돌담 위에 다리를 늘어뜨린 채 앉아 있는 모습이 멀리서 보였다. 나는 시선을 아래로 떨어뜨린 다음 담벽 밑을 보고는 소스라치게 펄쩍 뛰었다. 눈앞에는 단 삼십 초 만에 생명을 끊어 놓을 수 있는 노란 뱀 하나가 어린왕자를 향해 있었던 것이다. 담벽으로 가서 나의 꼬마 친구를 간신히 내 품에 받아 안을 수 있었다. 그의 얼굴은 눈처럼 새하얘졌다.

ruin 폐허   dangle 달랑거리다
just in time 바로 제때에

Q. 위기가 기회가 되었던 경험이 있나요?

Day 95

모두 집으로 돌아가는 날

"I am glad that you have found what was the matter with your engine," he said. "Now you can go back home-"

"How do you know about that?"

I was just coming to tell him that my work had been successful, beyond anything that I had dared to hope. He made no answer to my question, but he added: "I, too, am going back home today. It is much farther. It is much more difficult…"

I knew that I could not bear the thought of never hearing that laughter any more. For me, it was like a spring of fresh water in the desert.

"아저씨가 고장 난 엔진을 수리하게 되어 기뻐. 이제 집에 돌아갈 수 있겠지…." 어린왕자가 말했다.
"그걸 어떻게 알았니?"
정말 예상치 못하게 고장난 걸 고치는 데 성공했다는 것을 알리러 온 거였는데. 그는 내 질문에는 대답하지 않고 이렇게 덧붙였다. "나도 오늘은 집으로 돌아가. 훨씬 더 멀고 훨씬 더 어렵지만…."
나는 내가 그의 웃음소리를 영영 듣지 못한다는 생각에 견딜 수 없을 것이란 걸 깨달았다. 나에게 그의 웃음은 사막의 신선한 샘물 같은 것이었다.

laughter 웃음

Q. 언제 집으로 돌아가는 것이 아쉽나요?

밤하늘의 별이 모두 친구가 된다

"The thing that is important is the thing that is not seen... It is just as it is with the flower. If you love a flower that lives on a star, it is sweet to look at the sky at night. All the stars a-bloom with flowers... It is just as it is with the water. Because of the pulley, and the rope, what you gave me to drink was like music. You remember – how good it was. And at night you will look up at the stars. Where I live everything is so small that I cannot show you where my star is to be found. It is better, like that. My star will just be one of the stars, for you. And so you will love to watch all the stars in the heavens... They will all be your friends."

"중요한 것은 눈에 보이지 않아…. 꽃도 마찬가지야. 어느 별에 사는 꽃을 사랑한다면 밤에 하늘을 바라보는 것이 감미로울 거야. 모든 별들이 꽃과 함께 피어나는 거지…. 물도 마찬가지야. 도르래와 밧줄 때문에 아저씨가 나에게 마시라고 준 물은 음악 같았어…. 얼마나 좋았는지 기억하지. 그리고 밤에 별을 바라봐줘. 내가 사는 곳은 모든 것이 너무 작아서 내 별이 어디에 있는지 보여줄 수는 없어. 그게 더 나아. 내 별은 아저씨에게 여러 별들 중의 하나가 되는 거야. 그럼 아저씨는 하늘의 어느 별을 보든 즐거울 거야…. 그 별들은 모두 아저씨의 친구가 될 테니까."

○ 보이지 않는 것을 보는 심안(心眼), 감각의 세계를 넘어선 직감과 통찰이다. 빛은 그림자를 통해 본다. 따사로운 태양볕은 구름이 지나가야 보이고 느껴진다. 바람은 나무가 흔들려야 보인다. 사람은 눈을 감아야 더 잘 본다. 별과 샘물은 실체가 아닌 흔적으로 남지만 시간이 경과하면서 더 또렷하게 보인다. 의미가 새겨졌기 때문이다.

모든 사람에게는 그들만의 별이 있어

"All men have the stars," he answered, "but they are not the same things for different people. For some, who are travelers, the stars are guides. For others they are no more than little lights in the sky. You – you alone – will have the stars as no one else has them. In one of the stars I shall be living and laughing. And so it will be as if all the stars were laughing like bells, when you look at the sky at night... You – only you – will have stars that can laugh!"

● 부록 참조 (237p)

"모든 사람에게는 그들만의 별이 있어." 어린왕자가 대답했다. "단 사람들에 따라 별들은 다 다른 존재야. 여행자에게는 별은 길잡이야. 또 어떤 사람들에겐 하늘의 조그마한 불빛에 지나지 않지. 아저씨는 다른 누구도 갖지 못하는 아저씨만의 별을 갖게 될 거야. 그 별들 중 하나에서 내가 살고 있고 또 웃고 있을 거야. 그래서 밤에 하늘을 보면 모든 별들이 방울을 울리듯 웃고 있을 거야…. 오직 아저씨만이 웃을 줄 아는 별을 갖게 되는 거고!"

Q. 나만의 별을 찾아가는 과정이 순탄하지만은 않은 이유가 무엇일까요?

Day 98

5억 개의 작은 방울과 5억 개의 샘물

"You know, it will be very nice. I, too, shall look at the stars. All the stars will be wells with a rusty pulley. All the stars will pour out fresh water for me to drink. That will be so amusing! You will have five hundred million little bells, and I shall have five hundred million springs of fresh water... You know – my flower... I am responsible for her."

He still hesitated a little; then he got up. He took one step. I could not move. There was nothing there but a flash of yellow close to his ankle. He did not cry out. He fell as gently as a tree falls. There was not even any sound, because of the sand.

"있잖아, 참 좋을 거야. 나도 별들을 볼 테니까. 모든 별들은 녹슨 도르래가 있는 우물로 보이겠지. 별들이 모두 내게 신선한 물을 부어줄 거고. 정말 재미있을 거야! 아저씨는 5억 개의 작은 방울을 갖게 될 것이고 나는 5억 개의 샘물을 갖게 될 테니… 있잖아, 내 꽃… 나는 그 꽃에 책임이 있어."
그는 여전히 조금 망설이다가 일어섰다. 그리고 한 걸음 내디뎠다. 나는 움직일 수 없었다. 그의 발목에 노란 한 줄기의 빛이 반짝했다. 그는 비명을 지르지 않았다. 그는 나무가 쓰러지듯 부드럽게 쓰러졌다. 모래 때문에 아무 소리도 들리지 않았다.

amusing 즐거운   hesitate 망설이다

Q. 작은 방울과 샘물이 되어주는 인연에 대해 감사함으로 떠올려볼까요?

Day 99

예, 아니오에 따라 모든 것이 달라질 수 있다

And now six years have already gone by... I have never yet told this story. Now my sorrow is comforted a little. That is to say - not entirely. But I know that he did go back to his planet, because I did not find his body at daybreak. I love to listen to the stars. It ls like five hundred million little bells... Here, then, is a great mystery. For you who also love the little prince, and for me, nothing in the universe can be the same if somewhere, we do not know where, a sheep that we never saw has eaten a rose... Look up at the sky. Ask yourselves: Is it yes or no? Has the sheep eaten the flower? And you will see how everything changes... And no grown-up will ever understand that this is a matter of so much importance!

comfort 위로하다   entirely 완전히

그리고 벌써 6년이 흘렀다…. 나는 아직 이 이야기를 한 적이 없다. 이제 내 슬픔도 조금 가셨다. 뭐, 완전히 괜찮아진 건 아니다. 그러나 나는 어린왕자가 그의 별로 돌아갔다는 걸 잘 안다. 다음 날 해가 떴을 때 그의 몸을 찾아볼 수 없었기 때문이다. 나는 별들에 귀 기울이는 것을 좋아한다. 그것은 마치 5억 개의 작은 방울 같다…. 여기에 큰 신비로움이 있다. 어린왕자를 사랑하는 당신에게, 나에게 모든 것이 달라질 수 있다는 것이다. 만일 우리가 모르는 어딘가에서 본 적도 없는 양이 장미꽃을 먹는다면 그렇다…. 하늘을 바라보라. 그리고 스스로에게 물어보라. 내가 그려준 그 양이 꽃을 먹었을까? 먹지 않았을까? 양이 꽃을 먹었다면? 당신은 거기에 따라 모든 것이 어떻게 변하는지 알게 될 것이다…. 그런데 어른들은 그게 그렇게 중요하다는 걸 이해하지 못할 것이다!

세상에서 가장 사랑스럽고 슬픈 풍경

That is, to me, the loveliest and saddest landscape in the world. It is the same as that on the preceding page, but I have drawn it again to impress it on your memory. It is here that the little prince appeared on Earth, and disappeared. Look at it carefully so that you will be sure to recognize it in case you travel some day to the African desert. If a little man appears who laugh, who has golden hair and who refuses to anwer questions, you will know who he is. If this should happen, please comfort me. Send me word that he has come back.

저곳은 나에게 세상에서 가장 사랑스럽고 슬픈 풍경이다. 앞 페이지와 같은 풍경이지만 여러분의 기억에 남도록 다시 그려 보았다. 어린왕자가 지구에 나타났다가 사라진 곳이 바로 여기다. 언젠가 아프리카 사막으로 여행을 갈 때, 확실히 이 풍경을 알아볼 수 있도록 잘 보아두기 바란다. 웃으며, 금빛 머리카락에, 묻는 말에 대답하지 않는 어린아이가 있다면 당신은 그가 누구인지 알아챌 것이다. 만약 그를 보는 일이 생기면 나에게 위로가 되도록 그가 돌아왔다는 소식을 나에게 전해주시길.

landscape 풍경   preceding 앞의

○ 사막 한가운데서 물을 찾았던 어린왕자는 바싹 마른 땅에 촉촉한 성장의 물을 대주었다. 사막이라는 극한의 환경 속에서 그 안에서 발견한 샘물을 아름답게 선사해준다. 그래서 더 슬프고 더 사랑스러울 수 있다.

에필로그

읽을 때마다 다르다. 고전의 맛이다. 매번 더 깊은, 그리고 새로운 메시지가 몽글몽글 피어난다. 출간된 후 80년이라는 세월 동안 160여 개의 언어로 번역되어 사랑을 받은《어린왕자》는 만국 공통어를 품고 있다. '어?' '아!' 바로, 물음표와 느낌표다. 호기심 가득한 질문에 답을 기어이 들어야만 하는 어린왕자의 순수함은 누구나의 가슴속에 사뿐히 들어와 물음표를 남긴다. 심오한 울림으로 꽉 찬 마음의 언어가 녹아든다. 물음표의 굴곡 사이 틈새가 메워져가면서 점차 팽팽하게 쪼여진 느낌표가 찍힌다. 순간, 감탄이 절로 터진다.

장미꽃과의 밀당에서 시작된 어린왕자의 여행은 우리에게 많은 것을 남겨준다. 다시 돌아오지 않으리라는 다짐으로 자신의 별을 떠난 어린왕자는 여러 별을 돌고 돌아 마지막으로 지구별에서 1년간 머문다. 기나긴 여정이 다채롭게 채워진다. 이상한 어른들과의 만남으로, 지혜로운 여우와의 교제로, 비행기 조종사와 운명적인 시간들로. 물론, 박진감 넘치는 속도전, 배꼽 빠지는 익살과 재미, 극적인 반전 따위는 없다. 하지만 단언컨대 이 모두를 뛰어넘는《어린왕자》만의 멋스러운 맛이 있으니, 바로 삶의 통찰과 지혜다.
어린왕자는 지구를 떠나기 약 일주일 전, 비행기 조종사를 만나 우리의 이성과 감성을 흔드는, 알토란같은 씨앗들을 여기저기 뿌린다. 어느 날 갑자기 날아든 꽃씨 하나가 어린왕자의 마음을 파고든 것처럼, 그가 툭 던지는 말씨 하나하나가 우리의 마음밭을 비집고 들어온다. 결국, 그는 꽃에 대한 책임감으로 스스로 뱀에게 발목을 물리는 선택과 함께 지구를 떠난다. 그와의 이별과 헤어짐의 슬픔은 길들임이 남긴 몫이다. 이 세상에서 단 하나뿐인 관계, 사랑은 이렇게 눈물을 머금고 있다. 그래서 더 값지다.

《어린왕자》라는 꿈같은 동화를 펼치면, 여지없이 감각이 살아난다. 풋풋한 첫사랑 앓이를 출발점으로 인생과 관계의 의미를 깨달아간 어린왕자처럼, 영글어가는 삶은 외롭지 않다. 세상에서 가장 외로운 것은 혼자 있음이 아니다. 삶의 진정한 가치와 목적의 부재다. 5억 개의 작은 방울과 5억 개의 작은 샘이 채워지면서 우리의 삶에서 외로움이 걷힌다. 생을 견인하는 찐 핵심 가치들로 삶이 한층 밝아진다. 이 책에 담긴 주옥같은 문장들이 생의 빈틈을 채우고, 명징한 삶의 시선과 언어가 각자의 인생 지도를 또렷하게 그려내면 좋겠다.

《어린왕자》의 문장들을 영어 필사 책으로 엮을 수 있도록 기회를 준 편집장님께 감사의 마음을 전한다. 내가 가장 좋아하는 책 중의 하나, 그 속에 담긴 아름다운 문장들을 엮을 수 있는 시간들이 꿈결 같았다. 바로, 영어 필사와 함께 누릴 수 있는 행복이었다.

부록 1

알아두면 유익한 《어린왕자》 책 속 상식
Common Sense from 《The Little Prince》

12일 〈호칭에 관한 상식〉

영미권은 한국에 비해 호칭이 세분화되거나 크게 발달하지 않았지만 호칭의 변화를 통해 관계의 친밀도를 인지할 수 있다. 처음에는 격식을 차려서 Mr. Miss. Prof. Doc. 등을 성 앞에 붙여 부르다가 편한 사이로 점차 발전해가면 이름만 부른다.

- We address the king as your majesty. (국왕께는 폐하라는 호칭을 쓴다.)
- What's her official designation? (그녀의 공식적 호칭이 뭐야?)
- A: How do I address him? (그를 뭐라 부르지?)
  B: You can address him Tom. (톰이라고 부르면 돼.)

《어린왕자》에서 호칭의 변화를 살펴보는 것도 재미있다. 책 속의 나는 처음부터 그를 '어린왕자'라고 부르지 않는다. an extraordinary small person, a little man, a little chap, a little fellow, a friend 로 다양하게 부르다가 그림을 통해 두 사람이 교감을 한 후에야 비로소 a little prince 라는 말을 사용한다.

15일 〈confidence〉

1. **자신감, 확신** (= a feeling of having little doubt about yourself and your abilities)

    e.g. He has a sense of confidence about what he does. (그는 자신이 하는 일에 대해 자신감이 있다.)

    e.g. They could not say with confidence that he would be able to walk again after the accident. (그들은 그가 사고 후에 다시 걸을 수 있을 거라고 자신 있게 말할 수 없었다.)

2. **믿음, 신뢰** (= a feeling that you can trust someone or something)

    e.g. The index fell 3.1% as investors lost confidence in bank shares. (투자자들이 은행주에 대한 신뢰를 잃으면서 지수는 3.1% 하락했다.)

    e.g. Consumer Confidence Index 소비자 신뢰도 지수

3. **비밀** (= a secret)

    e.g. They exchanged confidences like old friends. (그들은 오랜 친구처럼 비밀을 주고받았다.)

17일 〈빈도 부사의 비교〉

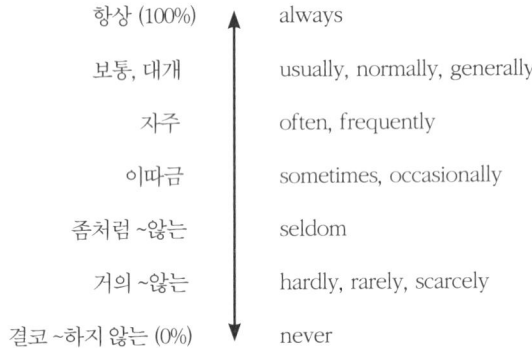

항상 (100%)	always
보통, 대개	usually, normally, generally
자주	often, frequently
이따금	sometimes, occasionally
좀처럼 ~않는	seldom
거의 ~않는	hardly, rarely, scarcely
결코 ~하지 않는 (0%)	never

20일 〈Aphorism about friendship (친구, 우정과 관련된 명언)〉

- Friendship is born at the moment when one man says to another, "What! You too? I thought that no one but myself."
  (우정은 한 사람이 다른 사람에게 이렇게 말할 때 탄생한다. "뭐라고? 너도 그래? 나만 그런 줄 알았는데.")

- The only way to have a friend is to be one.
  (친구를 갖는 유일한 방법은 친구가 되어주는 것이다.)

- One loyal friend is worth ten thousand relatives.
  (진정한 한 명의 친구는 만 명의 친척만큼 소중하다.)

- One friend in a lifetime is much; two are many; three are hardly possible.
  (평생에 단 한 친구면 충분하다. 둘은 많고, 셋은 거의 불가능하다.)

- Friendship is an art of keeping distance while love is an art of intimacy.
  (사랑이 가까워지는 기술이라면 우정은 거리를 유지하는 기술이다.)
- Prosperity makes friends, and adversity tried them.
  (성공은 친구를 만들고, 역경은 친구를 시험한다.)

24일 〈콩 심은 데 콩 나고 팥 심은 데 팥 난다'는 뜻을 가진 영어 속담〉

- Like father, like son.
- Garbage in, garbage out.
- As one sows, so shall he reap.
- An onion will not produce a rose.
- The apple doesn't fall far from the rotten tree.
- Beans grow where beans are planted, and limas where limas are planted.

27일 〈나무의 성장 단계 및 부위별 명칭〉

Step 5	Mature tree (장성한 나무)
Step 4	Sapling (어린 나무)
Step 3	Seedling (묘목)
Step 2	Sprout (새싹)
Step 1	Seed (씨앗)

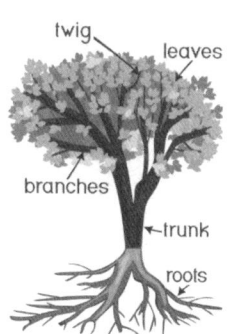

38일 〈감탄사의 종류〉

- Oh! Wow! (어머나, 어쩌나) : 가벼운 놀라움을 표현할 때 사용
- Oops! (에구, 헉) : 실수하고 당황할 때
- Gee! Oh, man! / Oh, boy! / Oh, my Gosh! / Oh, my! / Good heavens! (이런, 맙소사) : 좋지 않은 일에 놀람을 표현할 때
- Jesus! Damn it! / Darn it! (젠장) : 기대와 다른 결과에 실망할 때
- Oh, dear! (어머 어떡해!) : 놀라서 당황하거나 슬퍼서 동정할 때
- Oh, my God! (세상에 이럴 수가) : 비극을 보고 당황하고 놀랄 때

40일 〈바람의 종류〉

- wind : 바람(통칭)
- breeze : 미풍, 산들바람
- blast : 강풍
- gust : 세찬바람, 돌풍
- draft : 찬바람, 외풍
- sea breeze : 바닷바람, 해풍
- gale : 강풍
- puff : 훅 날아오는 작은 양의 공기

e.g. a puff of wind : 훅 불어오는 한 줄기 바람

41일 〈분사구문 형성 단계〉

Because she was embarrassed, she coughed two or three times.
(꽃은 당황했기 때문에, 기침을 두세 번 더 했다.)

~~Because~~ she was embarrassed, she coughed two or three times.
(① 접속사 생략)

⇩

~~She~~ was embarrassed, she coughed two or three times.

(② 반복 주어 생략)

⇩

Being embarrassed, she coughed two or three times.

(③ 동사를 분사로)

⇩

~~Being~~ embarrassed, she coughed two or three times.

(④ Being은 생략)

⇩

Embarrassed, she coughed two or three times.

42일 〈Rose Flower Meaning (장미 꽃말)〉

- Red rose(빨강) : love and passion (사랑과 열정)
- Orange rose (주황) : enthusiasm and energy (열정과 에너지)
- Pink rose (분홍) : gratitude and admiration (감사와 존경)
- Purple rose (자주) : love at first sight (첫눈에 반함)
- Yellow rose (노랑) : warmth and happiness (따스함과 행복)
- Green rose (초록) : nature and fertility (자연과 풍요)
- White rose (흰) : purity and grace (순수와 우아미)
- Black rose (검정) : death (죽음)

43일 〈어울리는 음악〉

베르디 오페라 리골레토의 '여자의 마음 (La donne è mobile)'

여자는 변덕스러워, 바람 앞의 깃털처럼 말과 생각이 항상 바뀌지. 언제나 사랑스럽고 상냥한 얼굴로 울거나 웃거나 거짓말을 하지. 언제나 불쌍한 건 여자를 믿는 남자. 여자들을 믿는 자는 사려 깊지 못한 남자. 그러나 충분히 행복을 느끼지 못하는 사람이야. 여자의 가슴에서 사랑받지 못하는 사람은.

https://www.youtube.com/watch?v=OQIC-1FV6CE

45일 〈어울리는 음악〉

이적의 '당연한 것들'

그때는 알지 못했죠. 우리가 무얼 누리는지. 거릴 걷고 친굴 만나고 손을 잡고 껴안아주던 것, 우리에게 너무 당연한 것들. 처음엔 쉽게 여겼죠… 우리가 살아왔던 평범한 나날들이 얼마나 소중한지 알아 버렸죠. 당연히 끌어안고 당연히 사랑하던 날 다시 돌아올 때까지 우리 힘껏 웃어요. 잊지는 않았잖아요. 간절히 기다리잖아요….

https://www.youtube.com/watch?v=ceOhI1Zi2IY

46일 〈역사 속의 장미 이야기〉

1. 영국의 장미전쟁(Wars of Roses) : 왕위를 다투던 요크 가와 랭커스터 가가 제각기 흰 장미와 붉은 장미를 달고 30년 동안 전쟁을 지속했다. 결국 양가가 흰 장미와 붉은 장미를 섞은 통일 문장을 만들면서 이 분쟁이 해결되었다는 것에 이름이 유래했다.

2. 클레오파트라 : 그녀는 장미 향수, 장미 목욕 등 생활 속에서 많은 장미를 사용하였다. 애인 안토니우스가 자신을 만날 때 본 수많은 장미 잎으로 인해 자신을 오랫동안 기억하도록 하기 위해 자신의 거처를 장미 잎으로 가득 채우곤 했었다. 결국, 안토니우스는 옥타비아누스에게 패하여 죽을 때, 자신의 무덤에 장미를 뿌려달라고 하였다.

3. 네로 : 축하연 때에는 장미로 목을 장식하고 장미관을 썼으며, 장미 꽃잎으로 채운 베개에서 잠을 자는 모습이 그림으로 그려져 있다. 네로는 마루에도 장미를 뿌려놓고 생활했으며, 분수에서는 장미 향수가 뿜어 나오도록 했다. 네로의 연회에 쓰이는 술에는 장미 향이 들어 있었으며, 디저트에는 장미 푸딩이 나왔다고 한다. 축하연에서는 손님들이 장미 향수를 섞어놓은 풀장에서 마음 놓고 수영을 할 수 있었다. 네로는 이렇게 하룻밤 사이에 15만 달러 상당의 장미를 소비했다고 한다.

- 출처: 위키백과

51일 〈생떽쥐페리 명언〉

진정한 권위는 우선적으로 '명령하는 행위'가 아니라 수행 가능한 일을 주는 것에서 비롯된다. 더 나아가 스스로 목표를 완수할 수 있도록 동기를 부여해야 한다. 이는 생떽쥐페리의 또 다른 명언과 맥을 같이 한다.

"If you want to build a ship, don't drum up people to collect wood and don't assign them tasks and work, but rather teach them to long for the endless immensity of the sea."

(배를 만들고 싶다면 사람들에게 나무를 모으라고 부추기거나 일을 주지 말고 끝없이 광대한 바다를 동경하도록 가르쳐라.)

55일 〈어울리는 시〉

To leave the world a little better
whether by a healthy child,
a garden patch,
or a redeemed social condition;
to know even one life has breathed easier
because you have lived
- this is to have succeeded.

- 〈What is success?〉, Ralph Waldo Emerson

건강한 아이를 낳든

한 뙈기의 정원을 가꾸든

사회 환경을 개선하든

자기가 태어나기 전보다

세상을 조금이라도 살기 좋은 곳으로

만들어놓고 떠나는 것

자신이 한때 이곳에 살았음으로 해서

단 한 사람의 인생이라도 행복해지는 것

이것이 진정한 성공이다.   - 〈성공이란?〉, 랠프 월도 에머슨

58일 〈영어로 숫자 읽기〉

- 천 (1,000) : one thousand
- 만 (10,000) : ten thousand
- 십만 (100,000) : one hundred thousand
- 백만 (1,000,000) : one million
- 천만 (10,000,000) : ten million
- 억 (100,000,000) : one hundred million
- 십억 (1,000,000,000) : one billion
- 백억 (10,000,000,000) : ten billion
- 천억 (100,000,000,000) : one hundred billion
- 조 (1,000,000,000,000) : one trillion
- 십조 (10,000,000,000,000) : ten trillion
- 백조 (100,000,000,000,000) : one hundred trillion

65일 〈생떽쥐페리 명언〉

이전에 방문했던 별보다 열 배나 큰 지리학자의 별은 끊임없이 그가 검증한 '사실'들로 채워진 책과 닮았다. 어쩌면 실체가 빠진, 진실과 멀어진 사실일지도 모른다. 변하지 않는 영원성이라는 거름망을 통과할 수 있는 현실이 과연 얼마나 있겠는가? 현장에서 떨어진 이론, 탁상공론이다. 뭔가를 더 채워 넣기 위해 끊임없이 탐험가들을 취조하여 그 공을 가로채는 지리학자는 현실과 괴리감을 쌓고 있는 학자들의 상아탑을 상기시킨다. 이는 생떽쥐페리가 했던 말과 연결된다. "Perfection is achieved not when there is nothing more to add, but when there is nothing left to take away." (완벽하다는 건 무엇 하나 덧붙일 수 없는 상태가 아니라, 더 이상 뺄 것이 없을 때 이루어진다.)

81일 〈Aphorism about happiness (행복과 관련된 명언)〉

- There is no path to happiness. Happiness is the path.

  (=Happiness is a journey, not a destination.)

  (행복으로 가는 길은 없다. 행복이 바로 길이다.)

- They say a person needs just three things to be truly happy in this world: Someone to love, something to do, and something to hope for.

  (사람이 이 세상에서 진정으로 행복하려면 세 가지가 필요하다 : 사랑할 사람, 할 일, 희망하는 것)

- For every minute you are angry you lose sixty seconds of happiness. (화를 내는 1분마다 60초의 행복을 잃게 된다.)
- Happiness is letting go of what you think your life is supposed to look like. (행복은 당신의 삶이 어떤 모습이어야 한다고 생각하는 것을 놓아주는 것이다.)

83일 〈특별한 존재, '넌 특별해' 영어 표현〉

- significant other (소중한 사람, 반쪽)
- You are one of a kind. (넌 단 하나뿐인 존재야.)
- You are the one. (넌 특별해.)
- You are so special. (넌 너무 특별해.)
- My son is the apple of my eye. (내 아들은 소중해.)
- You are dear to my heart. (넌 너무 소중해.)
- It has a special place in my heart. (그것은 나에게 남다른 의미가 있어.)

86일 〈함께 읽으면 좋은 시〉

My heart leaps up when I behold a rainbow in the sky: So was it when my life began; So is it now I am a man; So be it when I shall grow old...

- 〈My heart leaps up〉, William Wordsworth

하늘의 무지개를 바라보면 내 마음이 뛰노라
철없던 어린 시절에도 그랬고
어른이 된 지금에도 그러하며
나이가 들어도 그러하려니…

- 〈내 마음이 뛰노라〉, 윌리엄 워즈워드

92일 〈어근으로 살펴보는 영어 단어 - anni (enni) : 년, 해〉

- anniversary (기념일) : anni(해) + vers(돌리다) + ary(접사)
- annual (매년의) : anni(해) + ual(접사)
- biannual (1년에 두 번의) : bi(둘) + anni(해) + ual(접사)
- annuity (연금, 연금보험) : ann(해) + uity(접사)
- centenial (100주년의) : cent(백) + enni(해) + al(접사)
- millenium (천년) : mill(천) + enni(해) + um(접사)

94일 〈in time과 on time〉

'in time'은 시간의 범위 내에서 행위가 이루어짐을 나타내는 반면 'on time'은 정확한 시점에 딱 맞춘다는 의미이다. 따라서 전자는 '정해진 시간 내에', '늦지 않고 제시간 안에'라는 뜻을, 후자는 '정확히 그 시간에'라는 뜻이 된다.

e.g. He arrived in time to take the 10:00 bus.

(그는 10시 차를 타려고 (9시~10시 사이) 제시간에 도착했다.)

The 10:00 bus left on time. (차가 10시 정각에 출발했다.)

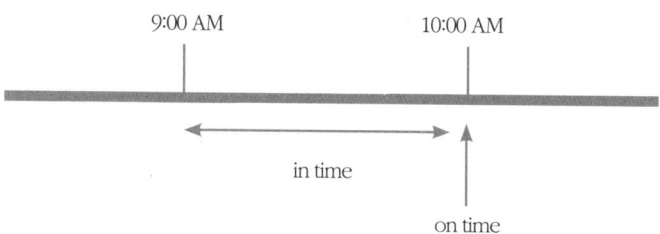

97일 〈함께 읽으면 좋은 시〉

Your own life, timid and standing high and growing,

so that, sometimes blocked in,

sometimes reaching out,

one moment your life is a stone in you,

and the next, a star.　　　　- 〈Sunset〉, Rainer Maria Rilke

때로는 막히고 때로는 도달하기도 하는 너의 삶은

한순간 네 안에 돌이 되었다가

다시 별이 된다.　　　　- 〈해질녘〉, 라이너 마리아 릴케

부록 2

매일 한 문장씩 《어린왕자》 책 속 한 줄 필사
One day, One Sentence from 《The Little Prince》

Day 1 보아뱀은 먹이를 씹지 않고 통째로 삼킨다.
Boa constrictors swallow their prey whole, without chewing it.

Day 2 어른들에게는 항상 설명을 해주어야 한다.
Grown-ups always need to have things explained.

Day 3 나는 화가라는 멋있는 직업을 포기했다.
I gave up what might have been a magnificent career as a painter.

Day 4 나는 다른 직업을 골라야 했고 비행기 조종을 배웠다.
I chose another profession, and learned to pilot airplanes.

Day 5 누구든지 늘 이런 대답을 했다. "그건 모자구나."
Whoever it was, he, or she, would always say: "That is a hat."

Day 6 그들의 수준에서 알아들을 수 있도록 나를 맞췄다.
I would bring myself down to his level.

Day 7 양 한 마리만 그려줘!
If you please - draw me a sheep!

Day 8 내게 신기한 꼬마가 보였다.
I saw a most extraordinary small person.

Day 9 "괜찮아. 양 한 마리만 그려줘."
That doesn't matter. Draw me a sheep.

Day 10 이 양은 벌써 병이 많이 들었어. 다른 걸로 하나 그려줘.
This sheep is already very sickly. Make me another.

Day 11 이쯤 되니 내 인내심이 바닥났다.
By this time my patience was exhausted.

Day 12 나는 이렇게 해서 어린왕자를 알게 되었다.
That is how I made the acquaintance of the little prince.

Day 13 내가 날 수 있다는 걸 그가 알게 되어 뿌듯했다.
I was proud to have him learn that I could fly.

Day 14 나는 그의 존재에 대해 이해할 수 없었던 신비함 속에서 무언가 실마리처럼 희미한 빛 한 줄기가 보였다.
I caught a gleam of light in the impenetrable mystery of his presence.

Day 15 얼마나 내 호기심이 크게 발동했는지 모른다.
You can imagine how my curiosity was aroused.

Day 16 내가 사는 곳은 모든 것이 아주 작아!
Where I live, everything is so small!

Day 17 어린왕자가 사는 별이 겨우 집 한 채보다 클까 말까 하다는 것이다!
The planet the little prince came from was scarcely any larger than a house!

Day 18 어른들은 숫자를 좋아한다.
Grown-ups love figures.

Day 19 인생을 이해하는 우리에게 숫자는 중요하지 않다.
For us who understand life, figures are a matter of indifference.

Day 20 친구를 잊어버리는 건 슬픈 일이다. 누구나 친구를 가지는 건 아니기에.
To forget a friend is sad. Not every one has had a friend.

Day 21 아마도 내가 자기와 같다고 생각했나 보다.
He thought, perhaps, that I was like himself.

Day 22 사흘째 되는 날, 바오밥 나무의 비극에 대해서 알게 되었다.
I heard, on the third day, about the catastrophe of the baobabs.

Day 23 코끼리를 포개 놓아야겠네.
We would have to put them one on top of the other.

Day 24 좋은 식물에는 좋은 씨앗이, 나쁜 식물에는 나쁜 씨앗이 있다.
There were good seeds from good plants, and bad seeds from bad plants.

Day 25 그건 귀찮은 일이지만 쉬운 일이기도 해.
It is very tedious work, but very easy.

Day 26 때론 할 일을 미루었다가 큰 낭패를 본다.
Sometimes there is harm in putting off a piece of work until another day.

Day 27 바오밥 나무를 조심해!
Watch out for the baobabs!

Day 28 너의 심심풀이라고는 해질녘의 풍경을 조용히 바라보는 기쁨밖에 없었구나.
You had found your only entertainment in the quiet pleasure of looking at the sunset.

Day 29 해질녘을 좋아하는 건 너무 슬퍼서 그런 거야.
One loves the sunset, when one is so sad.

Day 30 또 다른 비밀이 드러났다.
Another secret of the little prince's life was revealed.

Day 31 꽃들은 가시를 가지고 공연히 심술을 부릴 뿐이지!
Flowers have thorns just for spite!

Day 32 아저씨는 지금 어른들처럼 말하고 있잖아!
You talk just like the grown-ups!

Day 33 꽃이 가시를 만들려고 애쓰는 걸 이해하려는 것이 중요하지 않다고?
Is it not a matter of consequence to try to understand why the flowers go to so much trouble to grow thorns?

Day 34 별을 바라보는 것만으로도 행복해져.
It is enough to make him happy just to look at the stars.

Day 35 눈물의 나라는 그렇게 신비한 곳이다.
It is such a secret place, the land of tears.

Day 36 신비로운 것이 꼭 나타날 것을 예감했다.
The little prince felt that some sort of miraculous apparition must emerge from it.

Day 37 아주 요염한 꽃이었다!
She was a coquettish creature!

Day 38 어린왕자는 감탄을 금치 못했다.
The little prince could not restrain his admiration.

Day 39 꽃은 허영심으로 어린왕자를 괴롭히기 시작했다.
She began to torment him with her vanity.

Day 40 이 꽃은 정말 까다롭군.
This flower is a very complex creature.

Day 41 그녀는 뻔한 거짓말을 하다 들켰다.
She was caught on the verge of such a naive untruth.

Day 42 어린왕자는 곧 꽃을 의심하기 시작했다.
The little prince had soon come to doubt her.

Day 43 말이 아닌 행동을 보고 판단했어야 해.
I ought to have judged by deeds and not by words.

Day 44 떠나는 날 아침, 그는 자신의 별을 잘 정돈했다.
On the morning of his departure he put his planet in perfect order.

Day 45 친숙한 이 모든 일들이 마지막 날 아침에는 유난히도 소중하게 느껴졌다.
On this last morning all these familiar tasks seemed very precious to him.

Day 46 지금껏 네가 그걸 몰랐던 건 내 잘못이야.
It is my fault that you have not known it all the while.

Day 47 꽃은 자신이 울고 있는 모습을 보이고 싶지 않았다.
She did not want him to see her crying.

Day 48 왕들에게는 모든 사람이 다 신하이다.
To them, all men are subjects.

Day 49 왕은 무엇보다 자신의 권위가 존중되어야 한다고 생각했다.
The king insisted that his authority should be respected.

Day 50 짐은 불복종을 허락하지 아니하느니라.
I do not permit insubordination.

Day 51 짐이 복종을 요구할 권한을 갖는 것은 명령이 이치에 맞기 때문이니라.
I have the right to require obedience because my orders are reasonable.

Day 52 너를 사법 대신으로 임명하겠노라!
I will make you a Minister of Justice!

Day 53 만일 너 자신을 올바로 바라본다면 너는 진정한 지혜자가 되는 것이다.
If you succeed in judging yourself rightly, then you are indeed a man of true wisdom.

Day 54 사람들이 나에게 환호할 때 답례하기 위해서 모자를 쓰고 있지.
It is to raise in salute when people acclaim me.

Day 55 잘난 체하는 사람에게는 칭찬하는 말만 들리는 법이다.
Conceited people never hear anything but praise.

Day 56 나는 술 마시는 게 부끄러워서 술을 마셔.
I am drinking to forget that I am ashamed of drinking.

Day 57 멈출 수가 없네. 너무 바쁘군!
I can't stop. I have so much to do!

Day 58 헌데 나는 중요한 일을 하는 사람이라 공상에 잠길 시간이 없단 말이지.
As for me, I am concerned with matters of consequence. There is no time for idle dreaming in my life.

Day 59 별을 소유하는 사실 자체, 그거면 충분하지.
I own them. That is enough.

Day 60 내가 화산을 소유하는 것은 화산에게나 꽃에게 어느 정도 유익한 일이야. 그런데 아저씨는 별에게 유익한 게 없잖아.
It is of some use to my volcanoes, and my flower, that I own them. But you are of no use to the stars.

Day 61 이해하는 게 아니야. 명령은 명령이니까.
There is nothing to understand. Orders are orders.

Day 62 난 잠시도 쉴 수가 없어.
I no longer have a single second for repose.

Day 63 쉬고 싶을 때면 걸어가면 돼. 그러면 하루 해가 원하는 만큼 길어질 거야.
When you want to rest, you will walk - and the day will last as long as you like.

Day 64 지리학자는 너무 중요한 일을 하기 때문에 한가로이 돌아다닐 수 없어. 서재를 떠날 수 없지.
The geographer is much too important to go loafing about. He does not leave his desk.

Day 65 지리학자는 질문을 하고 탐험가들이 여행에서 기억하는 것을 기록하는 거야.
He asks them questions, and he notes down what they recall of their travels.

Day 66 넌 멀리서 왔구나! 네가 탐험가야!
You come from far away! You are an explorer!

Day 67 난 꽃을 혼자 내버려두고 왔어! 그때 어린왕자에게 처음으로 후회가 밀려왔다.
I have left her on my planet, all alone! That was his first moment of regret.

Day 68 지구는 그저 그런 평범한 별이 아니었다!
The Earth is not just an ordinary planet!

Day 69 어른들은 자신이 많은 자리를 차지하고 있다고 생각한다.
Grown-ups imagine that they fill a great deal of space.

Day 70 사람들 속에서도 외롭긴 마찬가지야.
It is also lonely among men.

Day 71 난 왕의 손가락보다 더 힘이 세지.
I am more powerful than the finger of a king.

Day 72 그들은 뿌리가 없어 바람에 날려버리고 몹시 힘든 삶을 겪게 되지.
They have no roots, and that makes their life very difficult.

Day 73 이 별 전체를 한눈에 볼 수 있을 거야. 그리고 사람들도.
I shall be able to see the whole planet at one glance, and all the people.

Day 74 사람들이 상상력이 없어. 남의 말을 되풀이만 하고.
People have no imagination. They repeat whatever one says to them.

Day 75 어린왕자는 슬픔에 휩싸였다.
He was overcome with sadness.

Day 76 난 그리 대단한 왕자가 될 수 없어. 그래서 그는 풀숲에 엎드려 울었다.
That doesn't make me a very great prince. And he lay down in the grass and cried.

Day 77 난 너랑 놀 수 없어. 길들여지지 않았거든.
I cannot play with you. I am not tamed.

Day 78 네가 나를 길들인다면 우리는 서로를 필요로 하게 돼. 서로에게 이 세상에 오직 하나밖에 없는 존재가 되는 거야.
If you tame me, then we shall need each other. You and me will be unique in all the world.

Day 79 네가 날 길들인다면 내 삶은 태양이 환히 비추는 것처럼 밝아질 거야.
If you tame me, it will be as if the sun came to shine on my life.

Day 80 우정을 살 수 있는 상점은 어디에도 없기 때문에 사람들은 이제 친구가 없는 거야.
There is no shop anywhere where one can buy friendship, and so men have no friends any more.

Day 81 네가 오후 4시에 온다면 난 3시부터 행복해지기 시작할 거야.
If you come at four o'clock in the afternoon, then at three o'clock I shall begin to be happy.

Day 82 울 것 같아도 좋은 게 있어. 밀밭의 색깔 때문이야.
I shall cry but it has done me good because of the color of the wheat fields.

Day 83 내 장미꽃은 너희들 모두보다 훨씬 더 중요해. 내 꽃이니까.
My rose is more important than all the hundreds of you other roses because she is my rose.

Day 84 가장 중요한 것은 눈에 보이지 않거든.
What is essential is invisible to the eye.

Day 85 저들은 매우 바쁜가 봐. 그들이 뭘 찾고 있는지 기관사도 잘 모를 거야.
They are in a great hurry. Not even the locomotive engineer knows what they are looking for.

Day 86 사람들은 추구하는 게 아무 것도 없어. 어린아이들만이 자신이 무엇을 찾고 있는지 알고 있어.
They are pursuing nothing at all. Only the children know what they are looking for.

Day 87 나 같으면 천천히 신선한 물이 있는 샘을 향해 걸어갈 텐데.
As for me, I should walk at my leisure toward a spring of fresh water.

Day 88 물은 마음에도 좋은 것일 수 있지.
Water may also be good for that heart.

Day 89 사막이 아름다운 것은 어딘가에 우물이 숨겨져 있기 때문이야.
What makes the desert beautiful is that somewhere it hides a well.

Day 90 우리가 우물을 깨웠더니 노래를 하잖아.
We have wakened the well, and it is singing.

Day 91 물이 달콤한 것은 별빛 아래에서의 걷기와 도르래의 노랫소리, 내 두 팔의 노력으로 태어난 것이었다.
Its sweetness was born of the walk under the stars, the song of the pulley, the effort of my arms.

Day 92 내가 지구로 내려온 지, 내일이면 1년이야.
My descent to the earth, tomorrow will be my anniversary.

Day 93 누군가에게 길들여지게 되면 좀 울게 될 위험이 있다!
One runs the risk of weeping a little, if one lets himself be tamed!

Day 94 단 삼십 초 만에 생명을 끊어 놓을 수 있는 노란 뱀 하나가 있었다.
There was one of those yellow snakes that take just thirty seconds to bring your life to an end.

Day 95 나는 그의 웃음소리를 영영 듣지 못한다는 생각에 견딜 수 없었다.
I could not bear the thought of never hearing that laughter any more.

Day 96 아저씨는 하늘의 어느 별을 보든 즐거울 거야. 그 별들은 모두 아저씨의 친구가 될 테니까.
You will love to watch the stars in the heavens. They will all be your friends.

Day 97 모든 사람에게는 그들만의 별이 있어.
All men have the stars.

Day 98 아저씨는 5억 개의 작은 방울을 갖게 될 것이고 나는 5억 개의 샘물을 갖게 될 테니.
You will have five hundred million little bells, and I shall have five hundred million springs of fresh water.

Day 99 예일까, 아니오일까? 대답에 따라 모든 것이 어떻게 변하는지 알게 될 것이다.
Is it yes or no? And you will see how everything changes.

Day 100 어린왕자가 지구에 나타났다가 사라진 저곳은 세상에서 가장 사랑스럽고 슬픈 풍경이다.
That is the loveliest and saddest landscape in the world, where the little prince appeared on Earth, and disappeared.

 부록 3

문장부호(punctuation), 이렇게 이해하세요

1. 콤마

, comma	여러 가지 요소를 나열할 때, 동격을 표기할 때, 문장 중간에 단어를 삽입할 때, 관계대명사의 계속적 용법을 나타낼 때, 인용구 내의 마침표로 사용할 수 있음.
나열	My brother asked for chocolate, fruit juice, energy bar and candy.
동격	This lady, my mother, wants to say hello to you.
삽입	The problem, however, is much more complicated than we expected.
관·대	He has a daughter, who is studying abroad.
마침표	"We do not know that," said the king.

2. 콜론

: colon	설명을 덧붙이거나, 예시를 열거할 때, 인용구 앞에서, 소제목을 붙일 때 등 부연 설명을 하는 기능. 명사, 구, 절, 문장 모두를 동반할 수 있음.
설명	Love is blind: Sometimes it keeps us from seeing the truth.
예시	She bought three things: milk, bread and eggs.
인용	Jessie said: "I wish you a merry Christmas."
소제목	Demian: The story of Emil Sinclair's Youth

3. 세미콜론

; semi-colon	문장과 문장을 이어주는 접속의 기능을 가지며 문맥에 맞게 뒷문장을 and, but, or, so, for의 의미를 넣어 해석하며 명확한 의미 전달을 위해 접속부사를 추가하기도 함. 쉼표가 포함된 구의 과도한 콤마 사용을 피하려고 나열되는 요소 사이에 사용함.
접속	I went grocery shopping today; I bought different kinds of fruit.
접속부사	I didn't finish reading the book; instead, I watched TV.
나열	They have stores in four cities: San Francisco, California; Austin, Texas; Las Vegas, Nevada.

4. 줄표

— dash	반전이 있는 부연 설명 시, 내용을 강조할 때, 콤마를 여러 개 포함한 어구를 삽입하여 예시를 들거나 동격을 표현할 때, 중단이나 급변화를 나타낼 때 사용. 원칙상 대시 양쪽으로 띄어쓰기 하지 않으나 가독성을 높이기 위해 띄우기도 함.
부연	You may think she is smart—she is not.
강조	We enjoyed hot coffee—very hot coffee—at lunch.
예시	Some vegetables—cabbage, broccoli and kale—are associated with a lower cancer risk.
동격(강조)	I went to the store—the one on Main Street—to buy some groceries.
중단·변화	I—I don't know a lot about the plan. But the plan—well, it didn't work out well.

5. 하이픈

- hypen	대시보다 짧은 줄이며 여러 개의 단어를 연결하여 한 단어로 만들어 줄 때, 페이지의 여백이 부족해서 맨 끝의 단어가 완결되지 않은 채로 다음 줄로 넘어갈 때 연결 단어임을 표기하기 위해 사용함.
연결	well-known, mother-in-law, post-1980(접두사 연결), a three-year-old boy(단어 연결 후, 명사 수식 형용사 변환)
줄바꿈	I went to a department store to buy some winter clothing to we-ar, and suddenly ran into an old friend of mine.

6. 따옴표

" " (double quotation mark)	직접 인용문을 담을 때 사용. e.g. He said, "Practice makes perfect."	※ 시대에 따라 큰따옴표와 작은따옴표의 역할이 반대로 사용되기도 함.
' ' (single quotation mark)	인용문 내에 또다른 인용이 들어갈 때 사용. e.g. My sister said, "My favorite part of the film was when he said, 'I know there is good in you.'"	
	인용문 내에 제목이나 문구를 표기할 때 사용. e.g. "'The little prince' is my favorite novel," he said.	

함께 읽고 나누면 좋은 위쌤의 책

하루 10분 100일의 영어 필사

나의 일상에 금가루를 뿌리는 정성, 하루 10분 영어 필사
위쌤이 선별한 '삶의 정수'가 가득한 영어 원서 6권

《The Little Prince》《Tuesdays with Morrie》
《The Alchemist》《The old man and the sea》
《Fish in a tree》《Oh, the places you'll go!》

하루 10분 영어 그림책 100일 필사

엄마의 마음, 교사의 시선으로 수집한
영어 그림책 속 아름다운 문장 100선

영어 그림책이 주는 따스한 감동
잔잔하면서 깊이 있는 인생 철학
'나'가 먼저인 삶에 '너'를 향한 느낌표도 끼워 넣는 작업,
하루 10분 영어 필사를 통해 만나는 흔들리지 않는 삶의 태도

빨간 머리 앤: 하루 10분 100일의 영어 필사

Hello! Anne of Green Gables!
보석같은 영롱한 말의 연금술사, 앤의 문장을 만나다

어른이 되어 다시 읽고 쓰는, 사랑스러운 빨간 머리 앤
● 파밀리아(Familia)   ● 아미커스(Amicus)
● 메모리아(Memoria)   ● 아모르파티(Amor fati)
네 파트로 구성한 빨간 머리 앤 100일의 영어 필사